富爸爸商學院

銷售致富的財商教育

羅勃特・T・清崎（Robert T. Kiyosaki）◎著
李釗平、王東◎譯

高寶書版集團

For People Who Like Helping People

獻給那些樂於助人的朋友

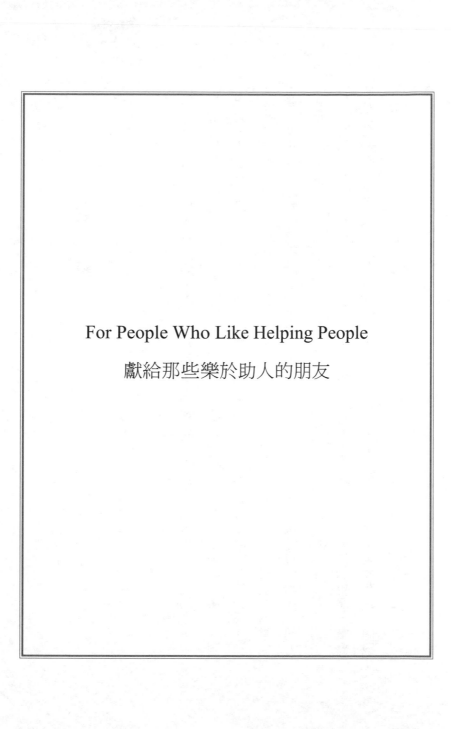

獻詞

近年來，數以百萬計的個人、夫婦和家庭開始透過投身直銷來建立自己的企業，本書就是為他們而寫的。由於我們已經致力於教育人們獲得財務自由的事業，找到一個專門幫助人們創辦個人企業的行業自然欣喜不已！致力於直銷的人們每天都在和家人、朋友、鄰居、合作夥伴甚至完全陌生的人共同學習，並一起分享自己的商業機會，因此，我們對他們充滿了敬意和感謝！他們將會親眼目睹、親身體會到擁有個人企業所帶來的各種好處與自由。正如我們在深受讀者歡迎的暢銷書《富爸爸，窮爸爸》與《富爸爸，有錢有理》中一再強調的，一旦大家掌握了金錢運作的規律，掌握了創造財富的關鍵，就很容易發現，擁有一家直銷企業對於很多人來說實在是一個絕佳選擇。

致謝

本書自出版以來，所得到的無數讚譽令我們深感不安！但是，這些讚譽與二十世紀九〇年代中期以來，直銷為我們生活帶來的巨大影響相比，依然有些微不足道。身為「富爸爸」理財思想的早期實踐者和推廣者，我們對積極從事直銷的各位充滿感激！同時，我們也希望我們能夠幫助人們把握自己的財務生活。我們會不斷學習，並向大家傳授財務知識和技巧。再次感謝大家！

前言　推薦直銷的原因　008

第1章　富人的致富之道　011

第2章　致富之路不只一條　027

第3章　核心價值一——真正平等的機會　049

第4章　核心價值二——改變人生的財商教育　061

第5章　核心價值三——志同道合的朋友圈　085

第6章　核心價值四——等比級數增長的人脈網絡　113

第7章　核心價值五——培養個人的推銷技巧　127

第8章　核心價值六——培養個人的領導技巧　155

目錄
Contents

第9章 核心價值七——不為金錢工作 173
第10章 核心價值八——追逐夢想 207
第11章 核心價值九——和伴侶一起工作 219
第12章 核心價值十——建立家族企業 225
第13章 核心價值十一——運用富人的納稅技巧 231
附錄1 富爸爸商學院語錄 237
附錄2 富爸爸團隊簡介 242
附錄3 羅勃特・T・清崎的財商教育 248

前言

推薦直銷的原因

近年來，我經常收到下面這類來信。

親愛的清崎先生：

您好！衷心祝願您一切順利！

我的名字叫蘇珊，我想向您說說我丈夫艾倫的情況。他拜讀了您所有的著作，並且擁有了成為一名成功企業家的能力。我告訴他我想寫信向您請教。到目前為止，我本人還沒有拜讀過您的著作，根本不了解您的觀點。但是，現在我感到很困惑，我丈夫在一家公司投入了大量時間。那是一個金字塔式結構的公司，銷售維生素和其他保健產品。位於金字塔高層的人們讓你為他們銷售產品，而處於金字塔底層的人們就不斷地銷售產品。如果沒有看到這些活動浪費了他那麼多時間，我也不會在意。他所有的努力都是為處於公司高層的人及其公司打造名聲，創造財富。那些人讓我丈夫相信，他正在創辦自己的企業，但是，實際上我並沒有在公司裡看到他的名字。如果他的名字沒有出現在那些維生素上面，怎麼能說那家公司就是他自己的呢？一年多來，他一直將自己的業餘時間投入其中，卻沒有賺到多少錢。

我猜想，實際上那完全是在浪費他寶貴的時間，我更願意看到他投資自己的企業，以自己的名義投資。我認為他不應該發展他的直銷業務，而應該設法開辦自己的公司。我還認為他正在幫別人推銷產品，而人家只是在利用他。我知道他讀過您的很多書，對於您的說法和論述評價甚高，我想他也許樂意聽取您的意見，我的話他完全聽不進去。天知道呢，也許我真的錯了。當然，這也有好處，能夠讓我明白其中的奧祕。

假如您回信給我，那我要感謝您花費寶貴的時間不吝賜教！

您忠誠的蘇珊

也許大家已經知道，長期以來，我的辦公室總是被來自四面八方的讀者來信淹沒。可惜的是，我實在沒有時間一一回覆這些信函。

我用這封信作為本書的開始，因為這位女士的困惑與疑問正是我經常從其他人那裡聽到的，很有代表性。此外，這位女士的坦誠與開放的胸懷給我留下了深刻印象。在當今這個急速變化的世界，保持一個開放的胸懷，願意接受新興事物，顯得更為重要。

我撰寫本書的主要原因之一，就是經常聽到諸如此類的困惑與疑問。很多人想知道我為什麼要推薦直銷企業，尤其是我本人與任何一家直銷公司都毫無瓜葛，也沒有從任何一家直銷公司中賺取一分錢。因此，我想透過本書明確地回答人們的困惑與疑問。隨便翻翻本書，大家一定也會明白，對於上面那位女士來信中提及的問題，我並沒有簡單地說對與錯。

當然，我並不認為直銷企業適合每一個人。透過閱讀本書，我想大家一定會明白直銷企業是否適合自己。如果你已經擁有了一家直銷企業，我想本書一定有助於你堅信自己當初的努力和判斷；如果你正在考慮創辦一家直銷企業，我相信你一定會從本書中發現直銷企業的一些潛在機會和價值，而這些是以往很多人沒有注意到的。也就是說，直銷企業給我們帶來的東西，可能並不只是賺到了更多錢。

我首先要感謝大家閱讀本書，感謝大家保持一個開放的胸懷！

1

富人的致富之道

某天放學後，我前往富爸爸的辦公室工作。當時我大約十五歲，對學校生活非常失望。我很想學習怎樣才能成為一位富人，但是學校開設的卻不是「讓你賺大錢」、「如何成為百萬富翁」之類的課程。相反的，我們經常在自然科學的課堂上解剖青蛙，我很懷疑這些死青蛙要如何讓我變富有。由於對學校生活深感失望，我向富爸爸請教：「為什麼他們不在學校教我們有關金錢的知識呢？」

富爸爸微微地笑了笑，從面前的文件堆裡抬起頭，回答說：「我不知道，我自己也一直對這個問題感到困惑。」他稍稍停頓了一下，接著反問道：「你為什麼問我這個問題呢？」

「嗯，」我慢吞吞地回答說，「我對現在的學校生活感到非常厭倦。我看不到學校要求我們學習的東西，與現實生活之間有什麼關連。我只想學習一些致富的學問，問題是，一隻死青蛙要如何幫助我去買一輛新車呢？如果老師告訴我死青蛙能夠讓我致富，那麼，我很願意解剖數以千計的青蛙。」

富爸爸哈哈大笑起來，他問：「你向老師請教死青蛙與金錢之間的關係時，他們怎樣回答呢？」

「我們所有老師的回答如出一轍。」我答道，「無論我將『學校與現實世界之間的關連』這個問題問了多少遍，他們總是不斷重複著過去的老話。」

「他們到底是怎樣說的呢？」富爸爸追問道。

「他們說，『你需要爭取好成績，以便將來找到一份穩定的工作。』」我回答。

「噢，那也是絕大多數人的想法。」富爸爸說，「很多人上學就是為了將來找到一份穩定的工作，尋求一份財務安全。」

「但是，我不想那麼做，我不想做一個為他人工作的雇員。我不想一輩子讓別人告訴我，自己可以賺多少錢，什麼時間工作，什麼時間休假。我想過一種自由自在的生活，我想成為一個富人，我將來不想只是去找一份工作。」我的聲音不由自主地提高了。

對於沒有讀過《富爸爸，窮爸爸》的讀者朋友，我有必要在這裡稍稍解釋一下：富爸爸是我最要好朋友邁克的爸爸，他白手起家，從來沒有接受過任何正式教育，後來卻成為美國夏威夷州最富有的人之一。窮爸爸是我的親爸爸，他接受過高等教育，是一位薪水很高的政府官員，但是，無論他賺到了多少錢，每到月底的時候卻總是身無分文，他辛勞一生，去世時依然兩袖清風。

每逢課餘或者週末，我開始跟隨富爸爸學習，我這樣做的原因之一，就是因為我覺得在學校得不到自己渴望的教育。我明白學校不可能提供我想要得到的教育，因為我的親爸爸，也就是窮爸爸本人就是夏威夷州的教育部長。窮爸爸本人對於金錢所知甚少，所以我想現行的教育體制不會使我學到自己嚮往的知識。十五歲那年，我就想知道怎樣才能成為一名富人，而不是成為一名為富人工作的雇員。

多年來我的父母為了擺脫財務困境苦苦掙扎。在親眼目睹了這些情景之後，我決心尋找能夠教我金錢知識的人。不久，我就開始跟隨富爸爸學習。其實，我可以說是從九歲就開始跟隨富爸爸學習了，直到我三十八歲。對我而言，那就是自己追求的教育，是自己的「商學院」，一個屬於現實生活的商學院。得益於富爸爸的教育訓練，我在四十七歲那年提早退休，實現了財務自由。現在回想起來，如果我當初聽從窮爸爸的建議，爭取做一名好雇員，直到六十五歲時退休，那麼，我現在也許還正在為保住自己的飯碗、為個人退休金帳戶中的共同基金不斷貶值而整日憂心忡忡呢！富爸爸與窮爸爸的建議有非常明顯的區別，窮爸爸常說：「上學爭取好成績，以便將來找到一份待遇優渥、穩定的工作。」富爸爸的建議則是：「如果你想成為富人，就去做一名企業所有者和投資者。」我個人面臨的問題是，學校並沒有教我如何擁有自己的企業，或者成為一名投資者。

「如果你想成為富人，就去做一名企業擁有者和投資者。」

湯瑪斯．愛迪生為什麼成為有錢的名人

「你今天在學校裡學了些什麼東西？」富爸爸漫不經心地問道。

我稍加遲疑，回答說：「我們今天學習了湯瑪斯．愛迪生的生平。」

「那是一位值得好好研究的重要人物。」富爸爸顯然興致大增，接著追問道，「你們討論過他怎樣成為有錢的名人嗎？」

「沒有。」我回答說，「我們只討論了他的一些偉大發明，比如白熾燈泡。」

富爸爸微微一笑，接著說：「嗯，我實在不願意與你們學校的老師唱反調，但是，嚴格說來，湯瑪斯．愛迪生並不是第一位發明白熾燈泡的人，他只是將白熾燈泡做得更好罷了。」富爸爸解釋說，愛迪生是他心目中的一位英雄，他曾經仔細研究過愛迪生的生平。

「但是，愛迪生為什麼被視為白熾燈泡的發明者呢？」我感到有些困惑。

「其實，早在愛迪生造出白熾燈泡之前，已經有不少白熾燈泡問世了，問題是那些白熾燈泡都不實用，不能長時間照明。此外，早先的白熾燈泡發明者都不能解釋白熾燈泡怎樣才能具有商業價值。」

「商業價值？」我更加困惑不解。

「也就是說，其他發明者都不懂得怎樣從自己的發明中賺錢，而愛迪生本人恰恰深諳此道。」富爸爸接著解釋說。

「也就是說，愛迪生首先發明了『有用』的白熾燈泡，並且懂得怎樣將白熾燈泡轉化為一個成功的商業。」我慢慢領會了一些富爸爸的意思。

富爸爸輕輕點了點頭，說道：「正是愛迪生過人的商業意識，才使他的很多發明造福於億萬人。顯然，愛迪生絕不僅僅是一位偉大的發明家，他還是奇異公司以及其他很多大公司的創始人。老師向你們介紹這些了嗎？」

「沒有。」我回答說，「我希望老師能夠介紹這方面的知識，但是他們沒有這樣做。如果老師介紹了這方面的知識，我肯定會對學校開設的這些課程更感興趣。現在的情況恰恰相反，我感到在課堂上學習愛迪生的生平非常無趣，心想愛迪生與我們的生活有什麼關係呢？如果他們告訴我愛迪生變得富有的奧祕，我可能會在學習他的生平事蹟時更有興趣，聽得也更仔細一些。」

富爸爸又一次哈哈大笑起來，他向我詳細介紹了大發明家愛迪生創辦價值數十億美元的企業、成為千萬富翁的經過。富爸爸說，愛迪生童年時代之所以輟學回家，就是因為老師認為他太笨，不可能在學業上取得成功。後來，年少的愛迪生找到了一份在鐵路上賣糖果和雜誌的工作。就是這樣一份簡單、枯燥的工作，磨練了愛迪生的銷售才能。不久，他開始印刷自己的報紙，僱用了十幾個男孩子推銷自己的糖果和報紙。可以說，儘管他自己還是個孩子，他就成功實現了從雇員到企業所有者的角色轉換。大約一年之後，他就僱用了一些男孩子替自己打工。

「這就是愛迪生開始自己商業生涯的經過嗎？」富爸爸講述的這些新鮮話題自然讓我興趣大增。

富爸爸點了點頭，臉上露出了我熟悉的微笑。

「為什麼老師不告訴我們這些東西呢？」我心裡忽然升起了一股莫名的悲哀，「我一定會想聽你介紹的這些內容。」

「後面還有很多。」富爸爸接著講述了愛迪生的故事。富爸爸說，愛迪生很快厭倦了自己在火車上的生意，開始學習怎樣收發摩斯密碼，以便將來成為一名報務員。很快，愛迪生就如願以償，成為當地最出色的報務員，他運用自己嫻熟的電報收發技術奔波於各個城市之間。停頓了一下，富爸爸又說：「少年時代擔任『企業主』和報務員的經歷，對他日後成為企業所有人和白熾燈泡發明者都很有幫助。」

「擔任報務員對他後來成為一名優秀的企業所有人會有什麼幫助呢？」富爸爸剛才的一番話，倒讓我又有些糊塗了，我接著追問道：「愛迪生的故事與我想成為富人有什麼關連呢？」

「讓我慢慢向你解釋。」富爸爸說：「實際上，愛迪生絕不只是一位偉大的發明家。早在孩提時代，他就是一名出色的小商人。因此，他後來才會非常富有，聲名卓著。他沒有去上學，而是在現實生活中獲得了一系列商業技巧，這些技巧都是他取得商業成功的必要前提。你曾經問過我，富人為什麼能成為富人，對嗎？」

「對。」我輕輕點了點頭，也為剛才不由自主打斷了他的話感到有些局促不安。

「其實，促使愛迪生發明白熾燈泡，而且聞名於世的原因，正是因為他之前有過商人和報務員的經歷。」富爸爸說，「身為一名報務員，他懂得電報的發明者之所以如此成功，就是因為發明者促成了一個龐大的商業系統，一個由電線、電極、熟練的報務員以及中轉站等組成的龐大系統。可以說，在非常年輕的時候，愛迪生就懂得了系統的力量。」

我不禁跳了起來，大聲說道：「你的意思是，因為愛迪生是一位商人，所以他懂得系統的重要性，這些系統甚至比發明本身還要重要？」

富爸爸點點頭，說道：「大多數人上學就是想學習如何成為一名雇員，因此很多人目光短淺、狹隘，看不到更廣闊的前景。他們只知道自己所從事的工作的價值，因為他們長期以來接受的教育和訓練就是如此。可以說，他們只看見了『樹木』，而沒有看見『森林』。」

「所以，很多人為某個龐大的系統工作，而不是去擁有和主宰這個系統。」我接過富爸爸的話說。

富爸爸點點頭，接著說：「他們所看到的只有發明或產品本身，卻沒有看到更大的系統。很多人並沒有真正明白，到底是什麼東西讓富人成為富人。」

「那麼你剛才所說的，跟愛迪生與他發明的白熾燈泡有什麼關係呢？」我仍然有些不明白。

「讓白熾燈泡風靡全球的原因，並不僅僅在於白熾燈泡本身，而是提供白熾燈泡電能的電線、電站等共同組成的電力系統。」富爸爸解釋說，「愛迪生之所以富有又有名，原因就在於他視野開闊、想像力豐富，其他人卻只盯著白熾燈泡本身而已。」

「還有，他之所以視野開闊、想像力豐富，原因就在於他早年在火車上的商業經歷，以及隨後當報務員的經歷。」我慢慢領會了富爸爸的想法。

富爸爸點點頭，接著說：「系統的另外一個詞是『網絡』。如果你真想學習怎樣致富，就必須理解『網絡』的力量。世界上最富有的人總是不斷地建立人脈網絡，其他人則被教育要去找工作。」

> 「世界上最富有的人總是不斷地建立人脈網絡，其他人則被教育要去找工作。」

「如果沒有電力網絡，白熾燈泡對人們來說就沒什麼實際意義。」我說。

「你真正理解我的意思了。」富爸爸笑著說，「因此，富人就是那些建立和擁有自己的系統的人，也就是那些建立和擁有自己的人脈的人。擁有自己的人脈，讓他們變得更富有。」

「人脈？你的意思是，如果我想成為一位有錢人，就需要學會建立自己的商業人脈網絡，對嗎？」我仍然不能完全明白富爸爸的話。

「對，你抓到重點了。」富爸爸一臉平靜，他接著說，「致富之路有好多條，但是，巨富們總是注重建立自己的人脈。讓我們簡單回顧一下當年約翰·洛克菲勒成為世界首富的經過吧！他本來不過是一位石油開採商，成為世界首富的原因，就是成功建立遍布美國的加油站和輸油管道網絡。透過這些網絡，約翰·洛克菲勒變得非常富有，勢力如日中天，以致美國政府不得不出面干預，將他建立起來的網絡稱為『壟斷』，迫使他進行拆分，以便鼓勵更多的競爭。」

「還有，亞歷山大．葛拉罕．貝爾發明了電話，最後發展成一個名叫美國電報電話公司（AT&T）的龐大電話網絡。」我接了一句。

富爸爸點點頭，說道：「隨後出現了收音機網絡、電視網絡，每當一種新發明出現的時候，建立和支援這些新網絡的人就會致富。很多報酬優厚的電影明星、體育明星之所以非常富有和出名，可以說都是收音機和電視網絡的功勞。」

「那麼，我們現行的教育體制為什麼不教我們建立自己的人脈網絡呢？」我仍然有些困惑。

富爸爸聳了聳肩，慢慢說道：「我也不明白，我想或許因為大多數人只想找份工作，只想做一個龐大人脈網絡中的雇員吧。其實，正是這個龐大的網絡讓富人更富有。我不想為富人工作，因此我建立了自己的人脈網絡。我早年沒有賺到多少錢，因為我當時需要花時間建立自己的網絡。整整有五年時間，我賺到的錢比周圍的人少；然而十年之後，我比大多數同學富有，甚至比當醫生和律師的同學還要富有。現在，我擁有的財富比他們夢想自己能夠賺到的錢多很多。一個精心設計和管理商業網絡的人，所得到的收益將會是只知道整日辛苦工作的人的數十倍。」

富爸爸接著解釋說，人類歷史上因為建立了自己的人脈網絡而致富和出名的人很多。火車發明時，很多人開始變得富有。同樣的故事相繼發生在飛機、輪船、汽車，以及像沃爾瑪超市、Gap 服裝店、RadioShack 電子產品專賣店之類的零售商身上。在當今世界，如果人們願意建立自己的商業網絡，獲得鉅額財富，那麼威力強大的超級電腦和個人電腦都能幫助他們如願以償。本書以及我們的富爸爸網站（www.richdad.com），都致力於為那些渴望建立自己商業網絡的人們服務。

現在，我們就有一些非常典型的例子：世界首富比爾·蓋茲就是透過將電腦作業系統裝配進ＩＢＭ公司的龐大網絡而致富；披頭四之所以享譽全球，就是借助了收音機、電視機和答錄機建立起來的網絡；網際網路是最新出現的全球性網絡，它已經讓很多人成為百萬富翁，有些人甚至成為擁有數十億美元的富翁。另外，我本人的寫作技能曾經為自己帶來數百萬美元的財富，這並非因為我是一位偉大的作家，而是由於我的商業合作夥伴「美國線上時代華納公司」的巨大網絡。這是一間偉大的公司，擁有一大批傑出的員工。同樣，富爸爸網站也是與全球其他公司聯繫的網絡，這些公司遍及日本、中國、澳洲、英國、加拿大、印度、新加坡、馬來西亞、印尼、墨西哥、菲律賓、臺灣等國家和地區。正如富爸爸所說：「富人總是在建立自己的商業網絡，而其他人則總是在尋找工作。」

富人為什麼更加富有

我們常常聽到有人說：「物以類聚，人以群分。」這句話同樣適用於富人、窮人和中產階級。也就是說，富人總是與富人建立網絡，窮人總是與窮人建立網絡，而中產階級總是與中產階級的人建立網絡。富爸爸的口頭禪之一，就是「如果你想致富，就要與富人或者能夠幫助你致富的人建立網絡。」他接著指出，非常不幸的是，「很多人終其一生，都是與財務上扯自己後腿的人建立網絡。」因此，本書的觀點之一，就是想告訴大家，直銷企業擁有能夠幫助你更加富有的人。大家或許要捫心自問：「我工作的公司、共事的人能不能讓我致富？或者，這些公司、個人是不是更有興趣讓我繼續成為替他們埋頭幹活的工人呢？」

十五歲那年，我就懂得讓自己成為富人、實現財務自由的其中一條途徑，就是與那些能夠幫助自己成為富人、實現財務自由的人建立人脈關係。這對於我具有特殊的意義。不過，在當時我的很多中學同學看來，最要緊的事情無非就是要爭取好成績，以便將來找一份穩定、體面的工作。可以說，十五歲那年，我就打算與那些希望我將來成為富人的人建立友誼，而不願意結交那些希望我將來成為一個為富人工作的忠誠雇員的人。回顧過去，我覺得十五歲那年的決定讓自己的整個生活發生了重大的改變。這並不是一個容易的決定，因為當時我必須審慎選擇老師。對於想建立個人企業的人來說，審慎選擇與自己共處的對象，審慎選擇自己的老師非常重要。這樣，早在中學時代，我就開始仔細選擇自己的老師和朋友了，因為家庭、朋友和老師是當時我們個人網絡的重要組成部分。

直銷業是獻給人們的一所商學院

撰寫這本關於直銷業的書，我個人感到有些緊張。正如富爸爸當年給予我的教育那樣，很多直銷公司目前正在為數百萬人提供類似的觀點，即建立個人網絡遠遠勝過為了某一個網絡終生辛勞。

教育人們懂得建立個人企業、個人網絡的作用，並不是一件容易的事情。因為長期以來，人們所接受的教育，都是要去做一名忠誠的、勤勉工作的雇員，而不是去做一名建立個人網絡的企業所有人。

從越南戰場歸來之後（我曾經是一名海軍陸戰隊軍官，擔任直升機飛行員），我一度打算回到大學攻讀MBA學位。富爸爸勸我打消這個想法，他說：「如果你從一家傳統的學院獲得MBA學位，你仍然只是一位富人的雇員；如果你想有朝一日真正成為富人，而不是富人的高薪雇員，就需要進入可以將自己培養成為企業所有人的商學院，我希望你能進入這樣的商學院。」

富爸爸接著說：「當今大多數傳統商學院存在的問題是，它們招收了最聰明的學生，然後將他們培養成為富人的雇員，而不是為公司員工服務的經理人。」如果大家留意安隆能源公司和世界通信公司的財務醜聞，就可以看到很多受過高等教育的經理人唯利是圖，只想到自己的利益，對於將個人一生所有積蓄託付給他們的員工和投資者的利益毫不在乎。很多受過高等教育、領取高薪的經理人，一方面勸告員工購買自己公司的股票，一方面悄悄脫售自己手頭的公司股票。儘管安隆能源公司和世界通信公司的醜聞只是特例，但是，這類自私自利、巧取豪奪的行為還是每天都在股市和很多公司不斷發生。

我本人大力支持直銷業的主要原因就是，在我看來，很多直銷公司都是人們真正需要的商學院，而不是那種招來聰明學生，然後將他們培養成為富人雇員的傳統意義上的商學院。許多直銷公司是真正的商學院，它們向大家傳授一些傳統商學院尚未發現的價值，比如，致富的最佳途徑就是讓自己和別人成為企業所有人，而不是成為那些為富人工作的忠誠、勤勉的雇員。

致富的其他方法

很多人透過建立直銷企業獲得了大筆財富，事實上，我的一些非常富有的朋友就是這麼做的。不過，俗話說「條條大路通羅馬」，透過其他方法當然也能夠獲得大量財富。因此，在下一章，我們將要介紹致富以及實現財務自由的其他方法，也就是怎樣透過努力，使自己不再忍受謀生的艱難，不再一味追求工作的安穩，不再依靠每個月的薪水生活。讀過下一章後，大家對於建立直銷企業就是創造個人財富的最佳途徑，是實現自己夢想和激情的方式，可能就會有更深刻的理解。

2

致富之路不只一條

「您能教我成為富人嗎？」我問自己的生物老師。

「不能。」老師回答說，「我的工作就是幫助你順利畢業，以便將來找到一份好工作。」

「但是，如果我將來不想只是去找一份工作，那該怎麼辦呢？如果我想成為一名富人，又該怎麼辦呢？」我忍不住追問老師。

「你為什麼要成為一名富人？」老師反問道。

「因為我渴望自由，我渴望擁有足夠的時間和金錢去做自己想做的事情。我不想在大半生裡做一名雇員，不想讓薪水的多少主宰自己的生活夢想。」我變得有點激動。

「這種想法很荒唐，你夢想著享受富人的生活，但是如果你不能在學校取得好成績，不能找到一份高薪工作，你根本不可能擁有這種富足的生活。」老師顯然對我的說法不屑一顧，他接著說：「好了，別鬧了，快回去做你的解剖青蛙實驗。」

在我的其他幾本書和教育專案中，我常常提到，如果我們想在財務上取得成功，需要三種不同類型的教育，它們分別是：學校教育、職業教育和財商教育。

學校教育

這種教育讓我們學習閱讀、寫作、算術等基本技能，它自然非常重要，尤其是在當今世界。就個人情況而言，我在這方面做得並不好。大多數時候，我只是一個考試成績為「C」、勉強及格的學生，原因是我對於學校所教的那些東西沒什麼興趣。我讀書很慢，寫作也不太好，我還是讀了很多東西，不過讀書速度仍然很慢，常常需要讀兩三遍才能完全理解。我還是一位能力普通的作家，儘管我一直堅持繼續寫作。

雖然我只是一位能力普通的作家，但另一方面非常幸運的是，我個人有六本書登上了美國最具影響力的《紐約時報》、《華爾街日報》、《商業周刊》暢銷書排行榜。正如我在《富爸爸，窮爸爸》一書中所特別指出的，我並不是一位寫作能力最好的作家，但我是一位暢銷書作家。富爸爸對我的銷售訓練讓我獲得了豐厚回報，當然這種訓練對我在校期間的學習成績沒什麼幫助。

職業教育

職業教育讓我們懂得怎樣為了賺錢而工作。在我的青年時代，聰明的孩子往往繼續深造，成為醫生、律師和會計師。還有一些職業學校，專門培養護士、管道工、建築工人、電工和汽車機械師。大家只需要翻閱電話簿，很容易就能找到培養職業技能、幫助人們更容易找到工作的各類職業培訓學校。

就我個人而言，由於在第一種教育——學校教育方面表現不佳，周圍人不太鼓勵我將來成為一名醫生、律師或會計師。因此，我報考了紐約市一家培養船長的學院，學員畢業後將要登上貨船或客輪，比如駕駛標準石油公司的油輪，或者為美國電視節目中的「愛之船」這樣的客輪提供服務。然而，由於越戰爆發，我畢業後沒有在航運業工作，而是來到位於佛羅里達州的彭薩科拉灣，進入美國海軍飛行學院，成為了一名飛行員，隨後又以美國海軍陸戰隊的身分前往越南。富爸爸和窮爸爸都說，為自己的祖國而戰是每個人的職責，因此我和弟弟都自願前往越南。二十三歲那年，我就擁有船員和飛行員兩項專職，但是實際上我從來沒有靠它們賺過錢。

有意思的是，人們現在都知道我是一位作家，而我上中學時曾經兩次作文考試不及格。

財商教育

在財商教育中，大家學習讓金錢為自己工作，而不是讓自己為金錢工作。現在，絕大多數美國學校都沒有開設這類教育課程。

窮爸爸認為，良好的學校教育和職業教育是一個人在現實生活中取得成功的全部所需。富爸爸則說：「如果沒有接受過良好的財商教育，你可能會為了擁有富足的生活而終生勞碌、奔波。」我們創辦的富爸爸網站正在竭盡全力製作各種產品，推廣富爸爸倡導的財商教育。我們的產品包括〈現金流１０１〉、〈現金流２０２〉以及〈現金流〉等，都是透過遊戲的方式，介紹富爸爸曾經傳授給我的理財方法。

> 「學習讓金錢為自己工作，而不是讓自己為金錢工作。」

一場金融災難

在我看來，美國以及很多西方國家將來都會面臨一場金融災難，導致這場金融災難的直接原因，就是我們現行的教育體制未能向學生提供足夠的財商教育。的確非常不幸，我們在校期間並沒有接受過多少財商教育，而懂得管理、投資自己的資金卻是一個極其重要的生活技能。

近年來，我們親眼目睹了千百萬人在股市損失了數萬億美元。我們甚至還可以預言，在不久的將來，由於一九五〇年後出生的數百萬人得不到足夠的退休金，美國社會有可能遭遇一場金融災難。而且，比退休金不足還要糟糕的是醫療保健費用的嚴重短缺。我經常聽到一些財務顧問說：「退休之後，你們的生活開支就會大大降低。」其實，這些財務顧問並沒有告訴大家，退休後即便大家生活開支真的有所下降，醫療保健開支卻將大幅攀升。

窮爸爸認為，政府應該照顧每一個沒錢的退休者。我打從心底贊同他的看法，但我還是非常擔心，如果數百萬人馬上需要大筆生活費和醫療費，我們的政府能否承擔得起。何況，等到二〇一〇年，嬰兒潮誕生的八千三百萬人中的第一批就要開始退休。我提出的問題是，他們當中到底有多少人會有足夠的資金維持生活？如果數百萬退休老人需要數十億美元維持生活，年輕人是否願意替他們買單？

我認為，盡快在我們的學校教育中展開財商教育非常迫切和必要。學習管理和投資，一定也會像學習解剖青蛙那樣重要。

我個人的建議

沒有去找一份工作，沒有政府補助，也沒有投資股票或共同基金，我與妻子卻能夠提早退休。為什麼我們沒有投資股票和共同基金呢？答案是，在我們看來，投資股票和共同基金的風險太大了，當然，如果你從來沒有接受過財商教育，也毫無理財經驗，那麼投資股票和共同基金也許是個不錯的選擇。

如果你留意近年來的財經新聞，也許已經發現，在二〇〇〇年三月股市危機爆發前，財務顧問們建議「選擇長線投資，購買並長期持有股票，並且實施多角化投資」。股市危機後，他們還在建議「選擇長線投資，購買並長期持有股票，並且實施多角化投資」。你注意到他們的說法有什麼不同嗎？

「創建個人企業是致富的最佳途徑，一旦創建了個人企業，並擁有了充裕的現金流，就可以開始投資其他資產。」

因此，如果你沒有接受過良好的財商教育，就可能會按照很多財務顧問們的建議去做，即儲蓄、購買共同基金、進行長線和多角化投資。如果你接受過良好的財商教育，就可能不會按照這種非常冒險的建議去做。相反地，你可能也會像富爸爸建議的那樣，首先創辦個人企業。富爸爸曾經說：「創建個人企業是致富的最佳途徑，一旦創建了個人企業，並擁有了充裕的現金流，就可以開始投資其他資產。」

致富的其他途徑

富爸爸說：「因為很多人沒有接受過良好的財商教育，所以他們選擇了其他很多有意思的致富途徑，卻不願意建立自己的商業網絡。比如，數百萬人想藉由購買彩券或者勤儉持家致富。而且，的確有一些人透過這些途徑致富了。」接著，富爸爸指出：「如果你想成為富人，就需要尋找最適合自己的致富途徑。」下面是一些人們可以選擇的致富途徑。

1. 你可以透過與擁有財富的人結婚而成為一位富人。這是成為富人十分常見的途徑，不過，富爸爸同時指出：「你應該明白哪種人才會為了金錢而與他人結婚。」

2. 你可以透過詐騙而成為一位富人。富爸爸指出：「做騙子的麻煩在於，你必須與其他騙子聯手。不過，現在很多商業活動都建立在誠信的基礎上。當你的合作夥伴是騙子，你本人能得到多少誠信的對待呢？」富爸爸進一步指出：「如果你是一位誠實的人，在商業活動中犯了一個誠實的錯誤，很多人可能都會理解你、諒解你，並且再給你一次彌補的機會。另外，如果從自己所犯的錯誤中汲取教訓，你可能就會成為一個更出色的商人。但是，如果你是個騙子，又出了錯，那麼你就會進監獄，否則合作夥伴就會按照他們的『有效方式』懲罰你。」

3. 你可以因為貪婪致富。富爸爸說過：「世界上因為貪婪而致富的人隨處可見，貪婪的富人最受其他富人們的鄙視。」

二○○○年三月股市危機後，整個世界被接二連三的公司財務醜聞所困擾：CEO們向投資者撒謊；掌握內部消息的人非法拋售公司股票；公司高層一方面鼓動員工購買公司股票，一方面偷偷拋售自己手中的公司股票。數個月以來，媒體上充斥著安隆能源公司、世界通信公司、安達信公司以及華爾街股票分析師們撒謊、欺騙公眾、侵害投資者利益的各類報導。可以說，這些貪婪的富人已經達到了喪心病狂的地步，他們置法律於不顧，肆意從事欺騙社會公眾的勾當。進入新世紀後，又有一些更為嚴重的貪婪、腐敗和喪失道德水準的醜聞披露，這些都足以說明詐騙和違法犯罪並不僅僅限於販毒、戴著頭套搶劫銀行等活動，一些衣冠楚楚、道貌岸然的公眾人物，其實也在冠冕堂皇地從事著更為嚴重的犯罪活動。

4.你可以透過降低個人生活水準致富。富爸爸說過：「透過降低個人生活水準而致富，是很多想致富的人們最常使用的方法。」接著，他進一步解釋說：「想透過降低個人生活水準致富的人，往往生活在他們應有的生活水準之下，而不是想方設法拓展、提升自己的生活水準。問題是，他們最後的生活水準仍然可能很低。」我們大家經常聽到有些人為了賺錢而一輩子儲蓄，想盡辦法節省每一分錢，購買特價商品。實際上，即便最終存下了一筆錢，他們的生活也與真正的窮人沒有什麼不同。在富爸爸看來，為了擁有一大筆財富而大半生過著貧窮的生活，可以說毫無意義。

富爸爸有一位朋友，他終生過著清貧的生活，拚命賺錢，除了基本生活用品以外，從不購買其他任何東西。不幸的是，三個孩子對於將來享有他的財富都有些等不及了。結果，他剛剛去世，三個孩子就想方設法補償自己多年來跟隨父親度過的清貧生活，不到三年時間就將他留下來的所有遺產揮霍一空。這時，孩子們只能夠像他當年那樣過起了清貧生活。區別僅僅在於，他本人當年還曾經擁有一大筆財富。對於富爸爸來說，累積了一大筆財富卻過著清貧生活的人，就是那些崇拜金錢，讓金錢主宰自己、奴役自己，而不是自己主宰金錢的人，非常可悲。

5.你可以透過努力工作致富。富爸爸發現，一味強調努力工作的人存在著致命缺陷，他們往往很難享受金錢和生活帶給自己的樂趣。也就是說，辛勤工作就是他們的全部，他們不懂得享受生活。

為了一份菲薄的薪水而辛勞

富爸爸還曾經教導過他的兒子和我，很多人工作賣力，得到的卻是很菲薄的薪水。他說：「努力透過體力勞動賺錢的人，往往是為了得到一筆『錯誤』的收入而工作，因為這種收入需要繳納高額的稅金。他們工作越努力，繳納的稅也就越多。」在富爸爸看來，為了得到一筆納稅越來越多的收入而工作，從理財角度看實在算不上明智之舉。相對來說，絕大多數擁有一份穩定工作的雇員，個人所得稅也都是最高的。也就是說，薪水最低的人，個人稅率其實往往最高。

當我還是個小孩子的時候，富爸爸就告訴我，人們的收入不只一種。他說：「收入有好壞之分。」在本書中，大家將會找到一些值得去努力爭取的收入，那種收入即便越來越多，納稅卻可以越來越少。

富爸爸還指出，不少人努力工作，最後卻沒什麼收穫。在本書中，大家將會發現：如果願意，就可以透過數年的努力工作，實現財務自由，從容地決定提早退休。

6. 你可以憑藉非凡的聰明、才智、魅力或者天賦致富。老虎伍茲就是具有非凡天賦的高爾夫球員，他發展自己的天賦僅僅用了幾年時間。然而，擁有過人的聰明、才智、魅力或者天賦，卻並不一定保證能夠致富。富爸爸指出：「世界上擁有非凡天賦卻沒有致富的人隨處可見，數不勝數。只要去好萊塢走一圈，就能遇到很多美麗、瀟灑、天賦很好的演員，可是他們的收入甚至還比不上絕大多數普通人。」統計顯示，在所有職業運動員當中，六十五％的人在高薪職業生涯結束五年後就會落得身無分文。從理財的角度看，天賦、才能或者外表並不足以保證一個人致富。

7. 你可以憑藉好運致富。嚮往著憑藉好運致富，就正如試圖透過降低生活水準致富那樣普遍。我們大家可能都已經注意到，數百萬人在彩券、賽馬、賭場或者體育比賽上面投下了數十億甚至數萬億美元賭注，期盼著憑藉好運轉眼之間成為富人。不過，正如我們大家所知道的，這樣一位幸運兒身後也許就有數以千計甚至數以百萬計的不幸者。調查顯示，大多數中獎的人在拿到超過自己一生正常收入五倍的獎金後，不到五年就會陷入破產的深淵。因此，即便能碰到一兩次好運，卻並不意味著你能夠長期保有自己的財富。

8. 你可以透過繼承一大筆遺產致富。不過，等到我們二十歲左右的時候，大概就可以明白自己會繼承到什麼樣的遺產。如果大家知道自己將來沒有任何東西可以繼承，那麼，顯然就需要去尋找其他的致富途徑。

9. 你可以透過投資致富。我們經常聽到各種有關投資的抱怨，其中主要就是針對投資需要一筆資金這一點。沒錯，在很多情況下的確如此。投資還有另一個問題，如果你缺乏金融知識、沒有受過投資培訓教育，就有可能賠掉自己所有的資金，血本無歸。正如我們很多人已經看到的，股市本身存在一定的風險，經常發生波動，這就意味著某一天你可能賺錢，接下來的一天又可能全部賠掉。在房地產投資領域，你雖然也可以利用銀行貸款進行投資，但是自己仍需要具備一定資金、接受過一定的投資教育，最終才有可能累積大量財富。在本書中，大家將會發現一些獲取投資資金的方法，不過更重要的是在承擔投資風險之前，先讓自己成為一位真正的投資者。

10. 你可以透過建立自己的企業致富。創建個人企業是很多富人變得更加富有的基本途徑，比爾．蓋茲創建了微軟公司，麥可．戴爾在自己的學生宿舍創建了戴爾電腦公司。問題是，從頭開始創建自己的企業存在著極大風險。購買特許經營權風險相對較低，代價卻十分昂貴。購買一家著名品牌的特許經營權，價格大約在十萬美元到一百五十萬美元之間。除了最初的這筆費用之外，還需要逐月向公司總部繳納培訓、廣告和後續支援費用。而且，獲得了這些支援也並不能保證賺大錢。很多時候，即便自己的公司處於虧損狀態，人們也要繼續向特許經營公司總部繳納各種費用。最後，僅管參與特許經營比自己獨立創辦公司的風險相對低一些，但是統計顯示，有三分之一購買了特許經營權的公司會破產。

大企業所有者與小企業主的區別

在繼續介紹下一個致富途徑之前，我想與大家聊聊小企業主與大企業所有者的不同。在我看來，兩者之間最重要的區別可能在於，大企業所有者建立了自己的網絡。在我們周圍，到處都有開餐廳的人，顯然，他們不少人只能算是小企業主。他們與創建了麥當勞的雷．克羅克的最大不同在於，麥當勞是一個以出售漢堡著名的特許經營龐大網絡。另外一個例子是，一個擁有自己電視機維修站的企業所有者，與創建了美國有線電視新聞網的泰德．透納之間的區別，主要還是在於後者建立了自己龐大的網絡。所以，小企業主與大企業所有者最明顯的區別在於他們各自建立的網絡規模不同。簡單來說，建立一個龐大的商業網絡，是世界上最富有的人致富的根本原因。

致富的第十一條途徑

11. 你可以透過建立直銷企業致富。我之所以將創建直銷企業當成第十一條致富途徑單獨列出來介紹，主要是因為創建直銷企業是一種全新的、與過去許多模式截然不同的致富途徑。如果大家簡單回顧一下前面十條致富途徑，也許已經發現它們的主要關注點都在渴望致富的個人本身。也就是說，他們或許可以被看做是過分看重金錢的人。比如，想透過降低自己生活水準而致富的人，可能就特別關注讓自己或幾個家庭、朋友致富。出於金錢目的而結婚的人，關注的也肯定是自己能否得到一大筆財富。即便創建一家大型企業，往往也只能讓特定的一些人致富。透過授予特許經營權，更多人可以成為企業所有者，進而分享財富。但是，在多數情況下，這種成功也僅僅限於購買了特許經營權的人。而且，正如我在前面提到的，購買特許經營權代價不菲，目前在美國，想要得到麥當勞特許經營權至少要花一百萬美元。因此，我並不是說購買特許經營權的公司不好，或者貪得無厭，我只是說，它們大多關注的是個人致富，而不是大家一起致富。

「直銷企業是一個全新的、與過去許多模式截然不同的致富途徑。」

我將直銷企業當成第十一條致富途徑單獨列出來，就是因為它是一個全新的、與過去許多模式截然不同的致富途徑。在這裡，人們可以與任何一位渴望致富的人共用鉅額財富，直銷企業體系讓大家共用財富成為可能。在我看來，直銷系統，也就是我常常說的「個人特許經營」或「看不見的巨大商業網絡」，是一種非常平民化的賺錢方式。只要有意願、決心和毅力，任何人都可以參與這個系統。這個系統不在乎你上過什麼大學，不在乎你今天賺了多少錢，不在乎你的種族和性別，不在乎你的外表和家庭，也不在乎你本人的受歡迎程度。大多數直銷企業所有者關心的是你願意學習多少東西，在學做企業所有者的過程中你是否願意付出些東西。

「直銷系統，也就是我常常說的『個人特許經營』或『看不見的巨大商業網絡』，是一種非常平民化的創造財富方式。」

最近，我偶然聽到了一位非常有影響力的投資家在一個著名商學院的演講錄音。我在此不便說出這位投資家和商學院的名字，因為我想要說的不是奉承的話。這位富有的投資家在演講中說：「我對於教普通人學習投資毫無興趣，也不想去幫助那些窮人改善生活。我只想花時間在這裡（即這家著名的商學院），與像大家這樣聰明能幹的人進行交流。」

儘管我個人並不贊同這位投資家的態度，但是，我依然很欣賞他的誠實、坦率。我本人在青少年時代曾經與富爸爸一些富有的朋友密切接觸，我經常聽到類似的觀點，當然他們講得更謹慎、委婉一些。他們往往也公開出席一些慈善活動，為許多社會公眾捐贈，但是，他們很多人做出這種姿態僅僅是為了博得人們的好感。在一些私人聚會上，我常常聽到他們坦誠說出自己內心的真實想法，這些想法與上面提到那位著名投資家的觀點極為接近。

當然，並不是說所有富人都持有上面那位投資家的觀點。但是，有那麼多富有、成功的人士表露出不願幫助大家致富的意願，還是讓我感到非常震驚。我需要再次聲明，並不是所有富人都持有上述的錯誤觀點，但是，根據我的經驗，持有上述觀點的富人應該占有相當高的比例。

我支持直銷業的主要原因就是，直銷業相對來說是一種更為公平、公正的致富體系。亨利．福特曾經是世界上最偉大的實業家，他透過完成自己公司——福特汽車公司的使命而成為富人。福特汽車公司的使命就是生產「平民化汽車」，這種使命之所以具有革命意義，就是因為在上一個世紀之交，汽車只屬於富人，而福特的理想就是要讓汽車成為人人都買得起的交通工具，成為「平民化的交通工具」。有趣的是，福特本人當時還是愛迪生手下的一名雇員，他利用業餘時間設計了自己的第一輛汽車。一九〇三年，福特汽車公司正式成立。透過大幅削減成本、建立組裝線大批量產標準化的廉價汽車，福特汽車公司一躍成為當時世界上規模最大的汽車製造廠。他不僅降低汽車售價，還支付員工業內最高的薪水，提供利潤分享計畫，每年拿出三千萬美元供員工們分紅。在福特採取這些措施的上個世紀初，三千萬美元實在是一個大數目，其價值遠遠超過了今天。

也就是說，亨利·福特之所以致富，原因就在於他不僅關注客戶利益，而且關注自己員工的利益。他是一位慷慨大方的實業家，而不是一位貪婪吝嗇的商人。當然，亨利·福特也遭到了很多批評和人身攻擊，這些批評和人身攻擊主要來自於當時所謂的知識份子。正如愛迪生的遭遇一樣，亨利·福特本人也沒有接受過多少正規教育，也常常受到數落和嘲諷。

我很喜歡關於亨利·福特的一樁軼事，說的是他曾經被要求參加一些學院派「聰明人」主持的考試。到了約定的那天，那一夥「聰明人」前來對他進行口試。他們想透過這次口試，證明亨利·福特的愚笨無知。

考試開始了，一位「聰明人」提出的問題是，他用的鋼材的抗張強度是多少？亨利·福特本人不知道答案，他就直接拿起桌上的電話，喊來知道這個問題答案的公司副總經理。副總經理來了，福特向他詢問這個問題的答案，副總經理馬上答出了標準答案。另一位「聰明人」又提出了一個問題，福特本人還是不知道答案，他再次打電話喊來知道答案的另外一位下屬。這種情形一直在延續，後來，一位「聰明人」大聲喊道：「瞧，這些都證明了你的無知。你對於我們提出的所有問題都無法回答！」

據說亨利·福特聽到這句話後，輕蔑地說：「我不知道答案，是因為我不想讓自己的大腦被你們想要的答案所困擾。我聘請了一些畢業於你們學校的年輕人，他們能夠記住你們希望我本人記住的答案。我的工作並不是要記住你們認為可以證明一個人聰明的資訊，而恰好是要從這些細枝末節中跳脫出來，保持清醒的頭腦去進行思考。」接著，他請那些學院派的「聰明人」馬上離開。

多年以來，我一直牢記著亨利·福特的名言：「思考是一項最艱鉅的工作，因此真正動腦筋思考問題的人少之又少。」

「思考是一項最艱鉅的工作，因此真正動腦筋思考問題的人少之又少。」

人人都能得到財富

在我看來，直銷企業這種新型商業模式具有革命性意義。原因非常簡單：這是人類歷史上第一次使所有人能夠共用社會財富的形式，而在此之前，只有極少數人或者幸運兒才能夠得到這些財富。我注意到，關於這種新型商業模式仍然存在很多爭議，而且有時候，一些不誠實的人往往試圖透過這種商業模式達成一夜致富。然而，只要你回頭仔細考察一下，就會發現它的確是一種值得信賴的財富分享模式。對於貪婪的人來說，直銷企業並不是一個最佳選擇。但是，根據最早的構想，直銷企業卻是最適合那些樂於助人者的企業。換句話說，直銷企業的唯一運作模式，就是要設法幫助他人像你一樣致富。在我看來，這是一種具有革命意義的嶄新商業模式，具有當年愛迪生和亨利．福特對於產業界的意義。

當然，我知道絕大多數人都非常慷慨，樂善好施。我也不打算指責貪婪，因為小小的貪婪和利己主義甚至是有益健康的。只有當貪婪和利己主義超過一定限度的時候，我們大家才會反對或者搖頭嘆息。很多人都慷慨大方、樂於助人，而這種新型的直銷模式賦予了大家幫助更多人的能力。儘管這種新型商業系統並不適合每個人，但是，如果你想讓更多人實現財務目標和夢想，直銷企業就值得你花時間去努力。

小結

今天，人們的致富途徑越來越多，不過，最佳的致富途徑仍然應該是最適合自己的致富途徑。如果你是一位樂於助人的人，我認為直銷這種新型的商業模式就非常適合你。當然，如果你沒有經常幫助他人的習慣，那至少還有其他方法可以供自己選擇。

從下一章開始，我想和大家探討一下很多直銷企業的核心價值觀。在我看來，這些核心價值觀是決定你是否適合這個行業的重要因素。富爸爸曾經告訴我們，核心價值觀遠比金錢更為重要，他常常說：「你可以透過降低生活水準和貪婪而致富，也可以透過生活富足、慷慨大方而致富。你所選擇的致富方法，一定是最適合自己內心深處核心價值觀的那一種。」

3

核心價值一

真正平等的機會

常常有人問我：「你本人並沒有藉由建立直銷企業而致富，為什麼還要鼓勵別人涉足直銷行業呢？」實際上，我鼓勵大家從事直銷業的原因有很多，本書中將逐步介紹一些。

我的封閉思想

二十世紀七〇年代中期，一位朋友請我出席一個關於新型商業模式的座談會，那位朋友有研究商業和投資機會的習慣，我同意赴約。我對那個新型商業模式很陌生，但是由於這次商務會議是在私人住家而不是在辦公室舉辦，所以我還是樂意參加。那次會議使我第一次接觸到直銷業。

我耐心地聽完了他們長達三小時的介紹，贊同他們有關人們應該創辦個人企業的大部分觀點。然而，當時我沒有特別注意的是，他們正在創辦的企業與我自己創辦的企業之間有多少不同。簡單地說，我創辦企業是為了讓自己致富，而他們討論創辦的新型企業可以讓很多人致富。當時，我的思想觀念還沒有這麼開放，我認為創辦企業就是為了讓企業所有者致富。

那天晚上，朋友問我對那種新型商業模式的看法。我回答說：「這種商業模式很有趣，但並不適合我。」朋友追問原因，我回答說：「我已經建立了自己的企業，為什麼還要與其他人建立其他企業呢？我為什麼應該幫助他們呢？」接著，我又說：「此外，我還聽到一些傳聞，說某些直銷企業只是一些『老鼠會』，是不合法的。」朋友還沒有來得及進一步解釋，我已經走進了夜幕中，坐上自己的汽車離開了。

當時，我正在創辦屬於自己的第一家國際化公司。我一邊忙於日常的工作，一邊在業餘時間創辦自己的企業。我創辦的是一家首次運用尼龍和「魔鬼氈」製作運動錢包的企業。就在那次參加直銷會議後不久，運動錢包公司的生意開始興隆起來。長達兩年的艱苦努力終於有了回報，成功、榮譽和財富似乎一下子來到了我和兩位合作夥伴身邊。我們達到了自己的目標，我們在三十歲之前就已經成為百萬富翁。

在二十世紀七〇年代中期，一百萬美元不是一筆小數目。我的公司及其產品屢次出現在諸如《衝浪者》、《跑步者的世界》、《紳士季刊》等時尚雜誌裡面。我們的產品是運動商品領域的「新寵兒」，備受人們歡迎，業務迅速擴展到世界各地。我的第一家國際化企業運作得非常順利，因此，當直銷業這個新商業模式出現在自己面前的時候，我的思想還處於封閉狀態，不願意進一步了解。多年之後，我重新打開了自己的思路，傾聽關於直銷企業的介紹，才逐步改變了自己對這個新興產業的看法。我花了十五年才完成這種思想轉變。

思想轉變

二十世紀九〇年代初期，我的一個朋友比爾告訴我，他正在從事直銷業。長期以來，我非常欽佩他的理財智慧和取得的商業成功。比爾已經在房地產投資中獲得了鉅額財富，因此，我很訝異他為什麼要轉而投身直銷業。出於好奇，我問他：「你為什麼要進入直銷的領域呢？你已經賺夠錢了，不需要再賺錢了，對嗎？」

比爾哈哈大笑，他說：「你知道我喜歡賺錢，但是，正因為我需要錢，我才不再在原來的行業投資了。其實，我有了更大的財務目標。」

比爾在過去兩年中，剛剛完成了價值超過一百萬美元的商業房地產專案，而且我知道他的確做得不錯。不過，他有些含糊的回答讓我更加好奇，我提高了聲音，接著問道：「你為什麼還要建立一家直銷企業呢？」

比爾沈思了一會兒，然後回答說：「多年以來，很多人向我討教房地產投資的祕訣，他們想知道如何透過投資房地產致富。很多人想知道，他們能不能與我一起投資，以及怎樣找到不用付現的房地產投資專案。」

我輕輕地點了點頭，說道：「我也會提出一樣的問題。」

「問題是，」比爾接著說，「大多數人無法與我一起投資，因為他們沒有足夠的資金，他們擁有的資金根本達不到我要求的最低投資限額——五萬或者十萬美元。還有，很多人想投資不用付現的房地產專案，是因為他們本人根本沒有資金。因此，他們尋找的所謂價格低廉、不用付現的專案，往往都是一些非常糟糕的交易。你我都明白，最好的房地產交易都是由擁有大筆資金的富人完成的，而不是由沒有資金的人完成的。」

我點點頭，說道：「我可以理解這一點，我自己曾經非常貧困，以致於銀行和房地產代理機構根本不願意認真與我打交道。你的意思是，他們沒有錢，或者沒有足夠的錢來讓你幫助他們，他們甚至沒有實力參與你的房地產投資專案，是嗎？」

比爾點點頭，接著說：「更重要的是，如果他們只有一點點資金，那筆資金往往很有可能就是他們僅有的生活積蓄。你知道，我並不鼓勵大家將個人的全部資產用來投資。更重要的是，如果用個人生活積蓄投資，往往會非常害怕賠錢，精神高度緊張。」

我與比爾的談話又持續了好幾分鐘，接著就急忙趕往機場。我仍然不能完全明白他為什麼要投身直銷業，但是，我過去一直封閉的大腦現在開始慢慢開放。我開始想進一步了解，像他那樣富有的人還要投資做直銷企業的原因。我開始意識到，對於商業活動而言，還有比金錢更為重要的東西。

隨後的幾個月裡，我與比爾的對話還在繼續。慢慢地，我開始理解他涉足直銷業的原因了。這些原因主要有：

1.他想幫助別人。這一點是他投資直銷業的主要原因，雖然他本人非常富有，但他並不是一位貪婪和傲慢的人。

2.他想幫助自己。「要與我一起投資，你首先必須富有。我意識到，如果幫助更多人致富，我就會有更多的投資者。」比爾說，「有意思的是，我幫助越多人致富，建立越多的個人企業，我自己的業務也就越會得到長足發展，我也會變得更加富有。現在，我有了一個日漸龐大的消費配送企業，有了更多投資者，自己也擁有了更多的投資資金，這是一個雙贏的結果。因此，近年來，我開始投資更大的房地產專案。正如你所知道的，投資小型房地產專案很難讓自己變得富有。當然，小型房地產專案也可以做，但是，如果你沒有大量資金，那麼，你所投資的專案大概也都是些富人們不感興趣的專案。」

3.他喜歡學習和指導別人。「我喜歡與渴望不斷學習的人共事。」在後來的一次談話中，他對我說，「與那些自以為無所不知的人一起工作，真的是一件非常痛苦的事情。在房地產投資領域，我就遇到了很多自以為無所不知的人。在我看來，開辦直銷企業的人都是些想要尋求新答案的人，而且他們準備學習新東西。我喜歡不斷學習，喜歡指導別人，喜歡與他人分享新思想。你知道，我擁有一個會計學學位，一個MBA學位。直銷業給了我傳授自己的知識並與大家一起學習的機會。如果你置身其中，一定會驚訝地發現，這個行業中匯聚了那麼多來自不同背景的聰明、高教育水準的人。當然，這個行業中還有大批沒有接受過多少正規教育的人，他們在此接受了尋求財務安全所需要的教育。我喜歡指導別人，也喜歡學習新東西，因此我愛上了這個行業。這是一個偉大的事業，也是現實生活中的偉大商學院。」

一個新開放的思想

因此，二〇世紀九〇年代早期，我的思想逐漸開放，對於直銷企業的看法也慢慢發生了改變。我開始看到了過去未曾看到的東西，開始看到了直銷行業良好的、積極的一面，而不僅僅是消極的一面。其實，世上絕大多數東西都有消極的一面。

一九九四年，我在四十七歲的時候實現了財務自由的理想，提早退休，開始研究直銷企業。無論什麼時候，只要有人請我出席他們的座談會，我都會欣然前往，仔細聆聽他們的發言。如果我真的喜歡他們所說的，就會加入他們的直銷企業。但是，我加入直銷企業的目的並不是為了賺更多錢，而是為了了解每個公司正反面的影響。我沒有禁錮自己的思想，而是想找到自己的答案。在考察了一些公司之後，我看到了很多人在初次接觸直銷業時所看到的不好的一面。的確，很多夢想家、掮客、騙子、失敗者和一夜致富的藝術家都被吸引到了這個行業中。直銷企業有一個很大的特點，就是它們的門戶開放原則，只要願意，幾乎人人都可以參加。門戶開放原則賦予每個人公正、公平的參與機會，這也是長期以來社會學家們所努力尋找的東西，然而，我從來沒有在直銷的企業會議上遇見過任何一位貨真價實的社會學家。看來，直銷企業是針對資本家，或者至少是針對那些希望成為資本家的人的。

「直銷企業奉行門戶開放原則。」

在見過許多積極的崇拜者、狂熱分子、掮客和夢想家之後，我終於遇到了一些直銷公司的領導者。與我從事商業活動多年來遇到的人相比，他們都是最聰明、最和善、道德高尚、充滿理想和專業精神的人。直到我突破了以往偏見、遇到了自己尊敬的人們後，我才真正發現了直銷行業的核心本質。現在，我看到了過去不曾看到的東西，看到了正反兩方面的東西。

因此，本書將要回答下列問題：「你本人並沒有藉由建立直銷企業而致富，為什麼還要鼓勵別人涉足直銷業呢？」也許正是由於我沒有從直銷企業中賺錢，所以我對於這個行業的認識可能會更客觀公正。本書將要介紹我所看到的有關直銷企業的真正價值。直銷企業的意義，並不僅僅在於能夠賺很多錢，而是因為它是一種深切關懷普通人生存狀態的商業模式。

我支持直銷企業的主要原因，就是我一直痛恨傳統教育體制中的價值觀念。十六歲那年，我剛剛進入國中不久，一位老師對我的朋友瑪莎說，她將來永遠不會有多大出息，因為她在學校裡表現平平。瑪莎是一位害羞、敏感的女孩子，我親眼目睹了老師那句話讓她的心靈留下了多麼巨大的創傷，國中畢業前不久，瑪莎輟學了。

我認為，現行學校教育與公司存在的問題如出一轍。這完全是一種所謂的「適者生存」的價值系統，完全是一種生物界「物競天擇、適者生存」模式的翻版。如果一個人開始時遇到了麻煩，或者難以理解一些東西，這個價值系統就會直接淘汰他。可以說，這個系統幾乎喪失了它自身的勇氣和良心。

我在全錄公司任職的時候，朋友羅恩當季的銷售業績很糟糕。銷售經理不僅沒有幫助、指導他，反而開始威脅他說：「如果你不能很快將東西推銷出去，就會被解僱。」一時至今日，我依然記得銷售經理當時的話。結果，一週後羅恩就離開了。

所以，我支持直銷企業的另外一個原因就是，在絕大多數情況下，直銷公司都是非常富有同情心的企業。如果你願意進一步了解，按照自己的步驟學習研究，直銷企業就會對你大有幫助。很多直銷企業是真正機會平等的企業，如果你投入時間和精力，就會有十分可觀的收穫。儘管我本人並沒有從直銷企業中獲得多少財富，我還是支持這種擁有人類同情心、真正機會平等的新型商業模式。

小結

在十八歲到二十七歲之間，我在軍事學院接受了大學教育，接著在美國海軍陸戰隊服役。上述兩種機構中的價值觀就是「適者生存」的價值體系。在軍事學院，如果你提供老師想要的答案，就可以畢業；如果你不能提供老師想要的答案，就不能畢業。在海軍陸戰隊，如果你確實按照訓練去做，就能在搏鬥中生存下來。在戰爭狀態，「適者生存」的確具有一定的合理性。

我從越南戰場回國以後，就想改變自己曾經接受的一些價值觀了。我不想再去玩學校那些非輸即贏的零和遊戲，不想再玩適者生存的遊戲。因此，我們的富爸爸網站

（www.richdad.com）提倡的觀念便是：「全面提升人類的財務狀況。」我們認為，一個孩子在學校表現欠佳，或者踏入社會後未能找到一份高薪工作，並不意味著他們將要終生遭受財務困擾。

富爸爸網站鼓勵大家投身直銷業的另外一個原因，就是我們感到大多數投身直銷業的人士都背負著相同的使命。今天，我不是在考場擊敗自己的同學，不是在戰場消滅自己的敵人，也不是在商業領域戰勝自己的對手，而是想與那些樂於幫助他人完成商業目標和夢想、永遠不會傷害他人的人一起共事、合作。對我來說，這就是值得支持的事情。

從二〇〇三年開始，富爸爸網站進一步推廣〈兒童版現金流〉，將原來的遊戲製作成線上遊戲。這種線上遊戲以及與之配套的課堂教學是專門為五歲到十二歲的兒童準備的，透過網路免費向他們提供。這是我們回饋社會的一種方式，也是我們提醒自己要慷慨大方，而不要貪婪和吝嗇的方式。

上述娛樂遊戲和課程將對全世界年輕人進行基本的財商教育和技能培訓，在我還是一個小男孩的時候，富爸爸就曾經教給我這些東西。多年以前，披頭四樂隊曾經唱道：「我們所有的歌聲都是為了給和平一個機會」，套用他們的說法，我們富爸爸網站要說的，也就是「給所有的孩子一個機會」，給所有孩子一個平等的機會，使他們接受紮實、良好的財商教育。我們認為，造就未來社會和平的最佳途徑，就是積極消除貧困，就是進行財商教育，而不是散發各種財務文件或傳單。正如富爸爸經常說的：「如果你給窮人錢，只會讓他們更長久地陷於貧窮。」

現在，很多直銷公司透過給予人們更多的機會，來締造世界和平。直銷企業不僅在所有主要的資本主義國家蓬勃發展，而且在很多第三世界國家生根發芽，為數以億計生活在貧困狀態中的人們帶來了希望。而另一方面，很多傳統公司只有在人們富有、有錢消費的時候，才能夠生存。現在，已經到了全世界人民平等享有富足、富裕的生活，而不是終生勤勉勞動、卻僅僅讓富人更加富有的時候了。如果貧富差距繼續擴大，和平將會是一件更困難的事情。

下一個價值

下一章討論很多直銷企業所提供改變人生的教育價值。如果你想改變財務狀況，那麼，請仔細閱讀下一章所介紹的價值觀。

4

核心價值二——

改變人生的財商教育

不只跟賺錢有關

「我們有最好的獎勵制度。」在我調查各類直銷企業時，經常能聽到諸如此類的話。直銷公司的人們急於向我展示他們的賺錢機會，他們很可能告訴我某人每個月靠著直銷業務賺了數十萬美元的故事。我還遇到過一些人，他們的確每個月從自己的直銷企業中賺取了數十萬美元，我一點也不懷疑直銷企業巨大的賺錢潛力。

事實上，直銷企業能夠賺大錢的特點吸引了很多人。然而，我向大家推薦直銷企業的主要原因，卻不是因為它可以讓我們賺取大筆金錢。

跟直銷的產品本身也無關

「我們有最好的產品。」這是我考察的時候，很多直銷企業強調的第二件事。我還發現一個有趣的現象，很多強調自身產品的公司，他們的產品介紹往往都是圍繞著產品為生活帶來了巨大改變。在一次會談中，公司創辦人告訴我，她如何發明了祕方，在愛荷華州挽救了自己病危的母親。結果，經過調查，我發現她母親根本沒有在愛荷華州生活過，而她所謂的在加利福尼亞實驗室發明的藥物，不過是她將其他公司的產品貼上自己的標籤罷了。正如我在前面講過的，與其他任何商業和職業活動一樣，直銷業中也充滿了各種欺騙和偽裝。

客觀地說，我也發現一些直銷公司本身擁有偉大的產品，有些產品時至今日我還在消費或使用。我在本章將要闡述的主要觀點是，雖然誘人的回饋獎金和產品非常重要，卻不是企業所須考慮的主要原因。

直銷企業有各種業務項目

在調查各類直銷公司的過程中，我驚訝地發現，原來很多產品或服務都可以透過直銷實現。

我在二〇世紀七〇年代初次接觸直銷的時候，他們主要的商品是維生素。我試用了一些維生素，發現品質很好。直至今日，我還在使用他們銷售的維生素。隨著更深入的研究，我發現直銷企業銷售的產品還包括：

1. 化妝品、護膚品以及其他美容產品；
2. 電話服務；

3. 房地產服務；
4. 金融、保險、共同基金和信用卡服務；
5. 法律服務；
6. 線上銷售配送，以折扣價銷售產品（包括沃爾瑪超市銷售的大部分產品）；
7. 保健產品、維生素以及其他產品和相關服務；
8. 珠寶；
9. 納稅服務；
10. 益智玩具。

上述名單還在不斷增加，我每個月至少會聽到一家新的直銷公司推出一種新產品或獎勵制度。

那是一種教育計畫

我推薦直銷企業的主要原因，是他們提供了一種全新的教育體系。我鼓勵大家花時間分析一下直銷企業的制度和產品，仔細探究一下直銷企業的核心本質，看看他們到底是否真的對訓練和教育人們感興趣。當然，這要比單純聽三個小時推銷培訓、看看印製精美的產品目錄、了解人們從中賺了多少錢更花時間。如果你想真正了解這種教育的優點，可能需要下些工夫，仔細分析他們的訓練、教育課程與活動內容。如果你一開始就喜歡他們的介紹，可以花些時間與公司負責教育培訓的人實際接觸，進一步了解詳情。

不過，大家一定要加倍小心，因為很多直銷公司都聲稱自己擁有良好的教育培訓計畫。但是，我發現實際情況並不完全如此。我考察過的一些直銷企業的教育培訓計畫，其中只包括一個推薦書目，他們的重點就是教導人們將自己的朋友和家人介紹給公司。所以，大家需要多花點時間仔細考察，因為擁有良好教育培訓計畫的直銷企業實在很多。在我看來，這些教育培訓計畫都是最好的實際商業訓練。

直銷企業教育培訓計畫的目標

如果大家過去接觸過我的其他本書，一定知道我的出身。我來自一個書香世家，父親曾經是夏威夷州教育系統的最高長官。儘管如此，我仍然不太喜歡我們傳統的教育體制。後來，雖然我收到了紐約一家著名軍事學院的錄取通知書，平靜地度過了學生生活，順利地獲得了理學學士學位，但是傳統教育還是讓我感到非常厭煩，我對於學校要求學習的東西從未感覺到有什麼挑戰，也很少產生過什麼興趣。

大學畢業後，我參加了美國海軍陸戰隊，在佛羅里達州的彭薩科拉灣接受了海軍飛行訓練。那個時候，越南戰爭已經開始，軍隊非常需要飛行員。作為一名飛行學員，我發現了一種讓自己興奮、富有挑戰性的教育。我們很多人經常聽到化蛹成蝶、脫胎換骨的說法，在飛行學校，情況的確如此。當我進入飛行學校的時候，已經是一位接受過四年軍事訓練的軍官。但是，很多進入飛行學校的學員卻都是剛剛從普通院校轉來的，真的就像「蛹」一樣。當時正是嬉皮流行的年代，他們的外表打扮都很另類，穿著五花八門，留有長髮和鬍鬚，有些人還穿著拖鞋，他們就要開始改變自己人生的教育培訓專案了。如果他們在訓練中能夠倖存下來，兩三年後就將變成美麗的「蝶」，準備執行世界上最為嚴酷的飛行任務。

在電影《捍衛戰士》中，世界著名影星湯姆．克魯斯成功扮演了一位美國海軍飛行學校學員化蛹成蝶的故事。在奔赴越南戰場之前，我也在加利福尼亞州的聖地牙哥，那裡恰好是影片中那所飛行學校的所在地。雖然我並不像那所著名飛行學校的學員那樣優秀，但是我們參戰之前，還是像影片中的年輕飛行員們那樣充滿了信心和力量。我們從毛毛躁躁、衣著隨便、不懂飛行的小夥子，變得訓練有素且遵守紀律，身體、精神和情感上都做好了面對很多人極力避免的各種嚴峻挑戰的準備。其實，當時發生在自己以及同學們身上的巨大變化，就是一種所謂的「改變人生的教育」。等到我結束了飛行學校的生活，前往越南戰場，我的整個人生澈底發生了改變，我已經不再是當年踏進飛行學校時的樣子了。

多年之後，很多飛行學校的同學都在商業領域取得了非凡成就。我們一起回顧過去的時候，都認為當年在飛行學校接受的訓練，為自己日後在商業領域的成功發揮了非常重要的作用。

因此，當我談及改變人生的財商教育時，常常感到教育足以「化蛹成蝶」，讓一個人產生突飛猛進的「蛻變」。如果大家有興趣，我很想推薦一種能夠為大家的生活帶來巨大變化的教育計畫，那就是很多直銷公司提供的教育培訓計畫。

不過，我還是要提醒大家，正如當年在飛行學校曾經發生的那樣，並不是每個人都能夠順利完成這項教育訓練計畫。

現實生活中的商學院

那所飛行學校最值得稱道的一點，就是由剛剛從越南戰場回國的飛行員擔任教練。他們向我們傳授的內容，都源於自己的親身體驗。相反地，傳統商學院（我曾經在商學院待過很短的時間）的致命缺陷之一，就是很多老師本人並沒有實際的商業經驗。即便老師有商業經驗，也可能不過是做過公司雇員，大多是中階經理，而不是公司的創始人。

當我進入位於夏威夷州某間傳統的商學院攻讀ＭＢＡ學位時，我發現很多時候，都是由大公司的中階經理向我們教授一些管理理論或者經濟理論。如果老師沒有商業經驗，他們就可能從來沒有離開過學校教育系統。也就是說，他們也許從五歲上幼兒園就開始進入教育系統，最後又留下來向學生們傳授現實世界中的各類知識和技巧。在我看來，這個教育系統本身就很荒唐可笑。

我考進商學院攻讀ＭＢＡ學位的目的，就是想將來成為一名企業主，而不是一名雇員。很多中階經理或老師對於創辦一家新企業一無所知，他們絕大多數本身不是企業主，而是雇員。他們很多人因為沒有在實際商業領域打拚的經歷，所以並沒有在商業社會中生存的本領。他們很多人剛剛離開學校這個象牙塔，馬上又進入了公司這個象牙塔。很多人沉迷於所謂穩定的工作和可靠的收入。也就是說，他們大多擁有良好的商業理論知識，但是，幾乎都沒有出色的商業技巧，從頭開始創辦一家新企業，獲得鉅額財富。如果領不到薪水，他們大多數人甚至都無法生存。

我在那所商學院待了九個月，後來就放棄了，再也沒有申請ＭＢＡ學位。對我來說，返回傳統的商學院申請ＭＢＡ學位，就好像返回學校讓自己重新變成一隻「蛹」那樣。經過了飛行學校的訓練之後，我一直想尋找能夠讓自己化蛹成蝶的商學院。一九七四年，我從美國海軍陸戰隊退役，前往富爸爸那裡，他讓我如願以償，得到了自己嚮往的商業教育。富爸爸商學院關注的是「讓一個人致富的技巧」，而不是「企業和經濟運作的理論」。富爸爸常說：「技巧可以讓你成為一個富人，而純粹的理論根本做不到這一點。」

> 「技巧可以讓你成為一個富人，而純粹的理論根本做不到這一點。」

那麼，我是不是會為自己當年從商學院退學感到後悔呢？的確，有時候我有點後悔。不過，事實上我也曾經主動放棄在著名大公司任職的機會。比爾·蓋茲、麥可·戴爾、史蒂芬·賈伯斯、泰德·特納等人，也都曾經放棄過在別人看來很好的任職機會，而早期的美國企業家如湯瑪斯·愛迪生、亨利·福特等人也曾經有過輟學的經歷。我相信，這些企業家都是將現實世界的企業，看成是讓自己獲得實際商業經驗的有趣場所。這些人最終成為「蝶」中之王，澈底改變了商業世界的面貌。

我曾經待過的那家商學院傳授的知識，對於任何一位商業領域的人來說都非常珍貴。然而，他們卻沒有傳授一些企業家應該具備的具體商業活動技巧和本領。相反地，他們教我們的都是做一名雇員的技巧。從那所商學院輟學後，我開始與朋友們合夥創辦第一家魔鬼氈錢包公司，並在全球擁有五百多家銷售代理商。三十歲那年，我成了一位百萬富翁。不幸的是，兩年後公司就倒閉了。現在看來，公司倒閉的確不是一件令人愉快的經歷，卻是一次很好的教育。在那三年裡我學到了很多東西，不僅有關於企業的，還有對於自身的認識。

創辦、失去在全世界擁有分支機構的企業，絕對不是一種建立在商業理論基礎上的教育。對我來說，這種經歷本身就是一種無比珍貴的教育，一種讓自己最終能夠富有的教育。更重要的，它是一種讓自己變得更加自由的教育。我不想接受一種教育，這種教育只能讓自己將來成為擁有MBA學位、四處尋找工作的「蛹」。公司倒閉後，富爸爸鼓勵我：「金錢和成功可能會讓你狂妄、愚蠢，而貧困和謙遜也許會讓你再次成為一名積極進取的學生。」

直銷企業可以說是樂於助人者的商學院，是那些渴望學習企業家的實際本領，而不是學習公司高薪中階經理技巧的人們所需要的商學院。

透過參加一些直銷企業的培訓，我結識了一批擁有自己企業的領導者，他們往往都是白手起家。他們很多人本身就是偉大的老師，因為他們傳授的知識都來自於實踐，而不是純粹的理論。聽過很多商業課程後，我常常發現自己非常贊同他們在商業領域中生存的觀點，他們的觀點往往言簡意賅、切中要點。除了傳授實際商業技巧之外，我覺得更重要的是，他們還傳授在商業領域取得成功所需要的正確思想和情感態度。我發現其中一些課程非常珍貴，尤其是對於那些渴望化蛹成蝶的人來說。

培訓課後，我常常與培訓老師們交談。他們不僅從自己創辦的企業中賺錢，而且從投資中賺錢，這讓我感到非常吃驚。他們中的一些人比許多美國公司的CEO賺的錢都要多，自然要比我在傳統商學院遇到的老師們賺得多。

儘管這些培訓老師非常富有，根本無須透過上課來賺錢，但是，他們對傳授知識和技巧、幫助別人充滿熱情。其中一個原因，就是直銷企業本身建立在領導者與普通人共同走向富裕的基礎上，而傳統企業、政府企業的出發點則是讓少部分人變富有，大量雇員則滿足於得到一筆穩定的薪水。這些培訓老師從來不會說：「如果你們無法完成任務，就可能丟掉自己的工作。」相反地，他們會說：「讓我幫助大家做得更好！」他們也許還會說：「只要你們願意繼續學習，就一直待在這裡，我會向大家傳授自己所有的知識和技巧。其實，我們大家同舟共濟，本來就處在同一個團隊裡。」

在我看來，這就是我所嚮往的商業教育。

因此，如果大家要深入了解直銷企業，就要設法尋找在該行業中成功的領袖人物，接著捫心自問，自己願不願意從他們身上學習些什麼東西。

從直銷企業中，我們可以學習到一些很重要的商業技巧與態度，比如：

1. 成功的態度；
2. 領導技巧；
3. 溝通技巧；
4. 與人交往的技巧；
5. 克服個人恐懼、懷疑和缺乏自信的弱點；
6. 克服怕被人拒絕的恐懼；
7. 資金管理技巧；
8. 投資技巧；
9. 說服人的技巧；
10. 時間管理技巧；
11. 目標設定；

12. 爭取成功。

我在直銷企業中遇到的成功人士，都從教育培訓計畫中發展、提升了上述技巧。不管大家能不能在直銷企業中晉升到管理高層、能不能賺到很多錢，接受這些培訓對於自己的將來都是無比珍貴的。如果你參加的直銷教育計畫確實可行，就很有可能徹底改善你的生活。

改變人生的教育

下列圖表是我用來解釋「改變人生的教育」這個概念的，它是一個四面體，也就是大家熟知的金字塔形，埃及金字塔已經存在了數十個世紀，歷史悠久。也就是說，四面體或者金字塔是非常穩固的結構。數千年來，西方學者們認為宇宙萬物中的普遍法則或規律都和「四」有關，在這裡具體說來就是四面體。因此，有所謂四季之分，即春、夏、秋、冬。對於那些從事占星術研究的人來說，主要有「四行」，即土、風、火、水。在我討論改變人生的教育時，這種變化仍然表現在四個方面。也就是說，為了讓改變人生的教育真正發揮作用，就必須影響「學習金字塔」的四個方面，即智力、情感、行為和精神。

學習金字塔

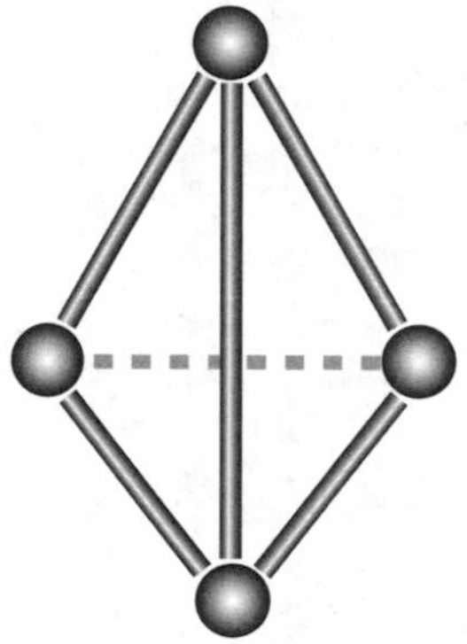

智力教育

傳統教育注重智力教育，教授閱讀、寫作、算術等技巧，也被稱為認知技巧，它們當然都非常重要。我之所以不太喜歡傳統教育，就是非常懷疑它是否真的能夠影響人們的情感、行為和精神教育。

情感教育

我對於傳統教育的不滿之一，就是它放大了人們的恐懼情緒。具體說來，就是對「出錯」的恐懼，這直接導致了人們對失敗的恐懼。傳統學校的老師不是激發學生們的學習熱情，而是利用他們對失敗的恐懼，對他們說出諸如此類的話：「如果你在學校沒有取得好成績，將來就不會找到一份高薪的工作。」

另外，我當年在校期間，常常由於出錯而受到懲罰，因此我從情感上變得害怕出錯。問題是，在現實世界中，出類拔萃的人往往就是那些犯了很多錯誤，並且從中汲取到很多教訓的人。

我的窮爸爸身為學校老師，他認為犯錯是人生的敗筆。與之相反地，富爸爸則認為：「犯錯是我們進步的必經之路，正因為我們反反覆覆地摔倒，反反覆覆地爬起來，我們才學會了騎自行車。當然，犯錯而沒從中汲取教訓是一件非常糟糕的事情。」

後來，富爸爸又解釋說：「這麼多人犯錯後撒謊，就是因為他們害怕承認自己犯錯，結果他們白白浪費了一個很好的自我提升機會。犯錯之後，勇於承認它，而不是推託到別人身上，不是證明自己有理或者尋找各種藉口，這才是我們進步的正確途徑。犯錯之後，不願意承認或者推託到別人身上，實在是一種莫大的罪過。」幾年前，美國的一位總統曾經在白宮發生婚外情。在我看來，比這個事件本身還要嚴重的，就是這位總統在事後接受調查時撒謊。撒謊不僅是人格軟弱的表現，也浪費了一次從錯誤中汲取教訓的機會。

在傳統商業領域，不願意承認錯誤的態度非常盛行，因為如果你犯錯，常常就會被解僱或受到懲罰。在直銷領域，人們鼓勵你透過犯錯、改正的方式學習，進而在智力和情感上變得更加出色。當年我剛剛開始在公司學習銷售的時候，業績不佳的銷售員常常會被公司解僱。也就是說，我們生活在一個畏懼失敗的世界裡，而不是一個積極學習、接受教訓的世界。因此，無數任職於各類公司的職員依然是一隻「蛹」，永遠等不到化蛹成蝶的那一天。是的，一個人如果終日生活在被恐懼、失敗緊緊包裹的「繭」裡面，怎麼可能翩然飛翔？

在直銷領域，領導者關注的是與那些業績欠佳的人一起合作，鼓勵他們進步，而不是輕率地解僱他們。事實上，如果因為摔倒而受到懲罰，你可能永遠學不會騎自行車。

我在財務上比很多人成功，並不是因為我比他們聰明，而是因為我比他們經歷了更多的失敗。也就是說，我之所以能夠領先，是因為曾經犯過更多錯誤。在直銷領域，人們鼓勵你犯錯、改正並從中汲取教訓。對我來說，那就是改變人生的教育。消除自己對於犯錯的恐懼，才有可能開始飛翔。

如果你害怕犯錯、害怕失敗，我認為擁有良好教育培訓計畫的直銷企業一定會為你帶來莫大好處。我親眼目睹了建立和恢復個人自信的直銷訓練計畫，一旦你擁有了更多自信，生活就會澈底改變。

行為教育

簡單來說，害怕犯錯的人學不到多少東西，因為他們做得太少。很多人知道，學習是一個智力過程，也是一個行為過程。正如學打網球是一個行為過程那樣，閱讀和寫作也是一個行為過程。如果你習慣掌握所有正確答案，從來不犯錯，你接受教育的機會就會大打折扣。假如你知道所有答案，害怕嘗試任何新事物，那你要如何取得進步呢？

我考察過的直銷企業都鼓勵行為學習，就像他們鼓勵智力學習那樣。他們鼓勵大家直視自己內心的恐懼情緒，透過行動、犯錯、汲取教訓，讓自己的智力、情感和行為都變得更加強大。

傳統教育鼓勵大家透過事實學習，教人害怕犯錯，這種恐懼情緒阻止你採取進一步行動。生活在恐懼的環境中，對於人們的健康、智力、情感、行為或財務狀況都是極其不利的。正如我在前面所講，我擁有更多財富並不是因為比大家更聰明，而是因為我犯過更多錯，我勇敢地承認錯誤，並且從這些錯誤中認真地汲取教訓。後來，我又犯過更多錯，甚至希望將來還能犯更多錯，然而，絕大多數人卻竭盡所能避免將來犯錯。也正由於此，我們的未來才迥然不同。如果你不願意嘗試新事物，不願意冒犯錯的風險，並且從錯誤中汲取教訓，未來就不會有多大改變。

可以說，最優秀的直銷公司往往鼓勵人們學習新思想、積極行動、面對過錯、汲取教訓、反覆摸索，這完全是一種切合實際的教育。

如果你害怕犯錯，卻又明白自己的生活的確需要某些改變，那麼，一個出色的直銷計畫可能就是你最佳的個人長期發展計畫。優秀的直銷公司將帶你走上無所畏懼的人生，當然，如果你不願讓直銷公司教自己，他們也會馬上鬆手。

曾經有人說過，如果你想改變一個人，那就設法改變他的思考方式。近年來，更多人則贊同另外一種觀點：如果你想改變一個人的思考方式，首先就要設法改變他的行為。直銷企業最偉大的一點，莫過於它非常關注你自身的思想和行為。

傳統教育體制存在的問題是，它們懲罰你的錯誤，而不是設法糾正你的錯誤。

精神教育

首先，我認為在分析這個常常備受關注、帶有強烈感情色彩的話題之前，有必要解釋一下我個人的觀點。我使用「精神」，而沒有使用「宗教」一詞，是有特定原因的。正如直銷企業也有好壞之分，在我看來，宗教組織也有好壞之分。而且，我曾經親眼目睹一些宗教組織提升了人們的精神，而另一些宗教組織則弱化了人們的精神。

因此，當我提到精神教育的時候，它不一定包括宗教教育。我提到精神教育的時候，與任何宗教教派毫無關係。涉及宗教問題的時候，我贊同美國憲法規定的精神，它賦予了人們自由選擇宗教信仰的權利。

我之所以對於宗教話題一直小心翼翼，是因為小時候我就經常聽到有人提醒：「永遠不要討論宗教、政治、性和金錢等話題！」我贊同這句提醒，因為這些話題本身很容易發生變化，很容易帶有強烈的情感色彩。實際上，我不僅無意冒犯大家的個人情感或者信仰，而且還支持大家擁有上述權利。

超越人性的弱點

我談到個人精神的時候，其實就是在討論促使我們超越個人智力、情感和行為弱點的力量。正是上述弱點，決定了我們的人生境況。

越戰期間，我親眼看到有些受了重傷的年輕戰士明知自己即將死去，卻仍然堅持戰鬥，以便讓其他人能夠活下來。我的一位飛行學校的同學，長期在前線作戰，他講得最為準確：「今天我之所以還活著，就是因為那些已經死去的人們在離去之前堅持戰鬥。」接著，他又說道：「曾經有兩次戰鬥，我是唯一的倖存者。當你意識到正是由於戰友們獻出了自己的生命，你才得以倖存下來的時候，你的人生肯定會澈底發生改變。」

戰鬥開始的前一天晚上，我常常安靜地坐在航空母艦前面，任憑海風從身邊輕輕吹過。在那長時間的沈默中，我盡力讓自己的心靈平靜下來。我意識到，第二天早晨，我就要再次面對死亡的威脅。在一個漫長而孤獨的夜晚，我意識到第二天死去非常容易，而在很多時候，活下來要比死去困難得多。一旦平靜地面對生與死，我就能夠從容地選擇怎樣度過第二天的生活。具體說來，那就是我到底是帶著信心，還是帶著恐懼開始飛行？一旦做出選擇，我就有了勇氣度過第二天，不論結果如何，盡我所能執行飛行和戰鬥任務。

戰爭是一件非常恐怖的事情，它迫使人們對敵方做出很恐怖的事情。然而，即便在戰爭中，我仍然看到了人性中最美好的東西，感到人性的力量遠遠超過了人性的弱點。而且，我們每個人都具有那種人性的力量，當然你也不例外。

幸運的是，大家不必親歷戰爭來見證這種人性的力量。有一次，在觀看青年男女參加的田徑運動會時，同樣的人性力量深深地打動了我。當我看到一些失去腿、藉助義肢跑步的年輕人，全心投入到跑步中時，他們的精神深深地打動了我。當我看到一位僅有一條腿的年輕女性奮力奔跑的場面時，禁不住熱淚盈眶。我能看到她臉上的痛苦，但是這種身體的痛苦抵擋不住她精神的力量。雖然她後來並沒有贏得比賽，卻贏得了我的心。她觸動了我的靈魂，讓我想起了自己已經淡忘好久的一些東西。那一刻，我意識到這些年輕人不僅是為他們自己比賽，也是為我們所有人比賽。

不少電影常常也讓我們回想起人類精神的力量，《英雄本色》中有一個場面：梅爾．吉勃遜面前是一群卑微的蘇格蘭農夫，這些農夫被強大的英國軍隊嚇得有些不知所措了，但是，梅爾．吉勃遜向他們發自肺腑地喊：「他們可以消滅我們的肉體，卻無法剝奪我們的自由！」那個時候，他是從人類精神、靈魂的角度對蘇格蘭農夫喊話。透過打動大家的精神，他改變了農夫們由於缺乏訓練、武器裝備太差而引起的內心恐懼和疑慮，激發了他們繼續戰鬥的勇氣，結果戰勝了當時世界上最強大的英國軍隊。

我已經注意到，直銷領域成功的領導者往往都具有激發人類精神的能力。能夠觸動跟隨者內心的偉大之處，激發他們奮勇向前，超越人性弱點，超越自身的懷疑和恐懼。這就是改變人生的巨大教育力量。

富爸爸常常對我說（尤其在我沒有錢、缺乏自信或者不知所措的時候）：「我們大家內心都有三個面向，即富人、窮人和中產階級，到底是以何種結果出現，完全取決於我們自身。商業和投資領域充斥著兩種情感，即貪婪和恐懼。大多數人沒有成為富人，不是因為貪婪，而是因為恐懼。如果你想致富，就需要克服自己內心的恐懼，大膽嘗試。」在我看來，克服恐懼的最佳途徑就是回過頭去激發自己的精神，而這也正是很多直銷公司的做法。

「教育」一詞的本意是「教導、引導」，傳統教育存在的問題之一，就是它們往往建立在恐懼的基礎上，恐懼失敗，而不是積極應對挑戰，從自身錯誤中汲取教訓。在我看來，現行的傳統教育只能「引導」出我們內心中產階級的一面，讓人們感到不太安全，需要找一份工作，擁有一份穩定的薪水，整日生活在對犯錯的恐懼之中，總是擔心如果自己與眾不同就會招來周圍人的各種揣測。我支持大多數直銷企業，原因就在於，我發現直銷企業可以「引導」出我們內心富人的一面。我非常推崇這種改變人生的教育。

順便說一下，《富比士》雜誌將「富人」定義為年收入達到或超過一百萬美元的人，將「窮人」定義為年收入不足兩萬五千美元的人。我們現在提出的問題，不是你今天賺到了多少錢，而是「經過目前的工作鍛鍊，你將來的年收入能否達到或超過一百萬美元」，如果答案是否定的，那麼你也許就要去尋找另外一種更好的教育。

小結

我失去了自己的第一家公司，也就是魔鬼氈錢包公司之後，富爸爸甚至還向我表示祝賀。他說：「你只不過付出了幾百萬美元的學費，你現在所做的一切，都是在為將來成為非常富有的人做準備。」接著，他又指出：「很多人永遠沒有發現自己內心中富人的一面，就是因為窮人們一直認為犯錯是很糟糕的事情。」

對我來說，改變人生的教育與傳統教育之間的不同價值，表現在兩個方面，一是前者強調從錯誤中汲取教訓，而不是單純懲罰犯錯的人，二是前者強調人類精神，而這種精神力量足以幫助人們克服智力、情感和行為能力的任何缺失。

下一個價值

窮爸爸看重工作安穩，富爸爸看重財務自由。在下一章中，我們將要討論追求工作安穩者與追求財務自由者價值觀的不同。這一切都源於他們處於不同的現金流象限，也就是說，大家將會從中發現為什麼變換了工作或者職業，卻沒有帶來生活的真正改變。

5

核心價值三——

志同道合的朋友圈

「朋友們將會怎麼看呢？」在參加一家直銷公司主辦的培訓課程的時候，我常常聽到周圍人有這樣的顧慮。有時候，他們也會產生這樣的擔心：「朋友們一定認為我瘋了！」

對於很多人來說，就算機會難得，即使他們本人也很想改變自己的財務狀況，卻仍然存在一個巨大的障礙，那就是他們擔心：如果自己開始投身一家直銷企業，周圍朋友或者家人會怎麼想呢？

一天晚上，有位單親媽媽站在三十多位來賓面前，介紹了自己在直銷中發現的商機。她對大家講述了丈夫離去後，她一邊工作一邊獨自撫養四個孩子的經歷。這位年輕的單親媽媽告訴大家，她沒有求助社會福利部門，而是開創了自己的直銷事業，如今她每年利用業餘時間就能賺到六萬美元，撫養孩子完全沒問題。她說，直銷企業給了自己安全和希望，讓自己能夠從容地把握生活，更重要的是留給自己更多時間與孩子們在一起。後來，她講道：「還有一點，在未來十多年裡，由於業務持續增長，我可能也會成為一名百萬富翁。如果我仍然從事自己過去的工作，我永遠不會做到這一點；如果沒有直銷業中很多人的熱誠幫助，我也永遠不會做到這一點。」

對她來說，金錢並不是最重要的事情。直銷本身給了她莫大的支持，讓她再一次對生活充滿了夢想和希望。在回答聽眾提問的時候，她還說：「我完全可以支付孩子們上大學的各項費用了，等到我年老體衰的時候，我也不需要他們照顧。我永遠不會成為他們的包袱和負擔，這是一件多麼令人輕鬆、愉快的事情啊！」

活動結束後，我向邀請自己參加的那位朋友表達了謝意。出門後，一位也來參加的年輕的企業經理問我：「今晚的演講怎麼樣？」

「我覺得非常精彩！」我回答說。

「的確如此，但是她講得似乎有些太好了，以至於我懷疑她所講內容的真實性。」他一邊從公事包中找車鑰匙，一邊對我說。

「那你為什麼不花一點時間弄清楚呢？」我提議說，「或許你能得到你想要的。」

「不，我不會那樣做。如果我告訴同事、朋友，自己打算開始投身直銷業，你知道他們會有什麼反應嗎？他們一定會大笑不止，你知道他們都是些什麼人嗎？」他反問道。

我點點頭，微微一笑，說道：「我知道他們都是些什麼人。」隨後，我們分頭坐上自己的汽車，消失在夜幕裡。

最艱難的工作

一九七六年，我的魔鬼氈錢包公司正式運作。我和兩位朋友一邊在全錄公司任職，一邊利用業餘時間從頭開始創業。我明白自己可能在全錄公司待不了多長時間了，因為我們創辦的公司業務量迅速攀升，需要我們投入越來越多的時間和精力。我現在依然記得，我當時曾經告訴辦公室裡的同事，自己打算馬上辭掉全錄公司的工作，全力投入魔鬼氈錢包公司的業務。

「你瘋了？」一位資深推銷員非常吃驚，他說，「你們的小公司維持不了多久的。」

「你知道有多少人想來全錄公司工作嗎？」另一位資深推銷員說，「你現在擁有一份很好的工作，待遇、福利優渥，升遷機會很多。如果你多加努力，有朝一日就有可能成為一名銷售經理。你為什麼要冒險丟掉這份十分難得的工作呢？」

「你最終還會回來的，」另一位推銷員說，「像你這樣有想法的人，我已經遇到無數次了。很多自命不凡的人離開原來公司，創辦了自己的公司，但是不久後新公司就倒閉了，他們也不得不夾著尾巴想方設法回到原來任職的公司，如果他們的尾巴還在的話。」

他的話讓辦公室裡的六位男推銷員和兩位女推銷員哄堂大笑，接著，他們又討論起公司新推出的影印機，然後又談論起當晚哪個棒球隊可能會贏。這個時候，我才明白自己找錯了談話對象，他們只會扯我後腿，永遠不會鼓勵我。

數年後的那天晚上，當我聽到那位年輕人對我說：「不，我不會那樣做。如果我告訴同事、朋友，自己打算投身直銷業，你知道他們會有什麼反應嗎？他們一定會大笑不止，你知道他們都是些什麼人嗎？」我完全理解他的意思。

在我看來，離開原來那份安穩、舒適的工作，創辦自己的企業所能遇到的最艱難的一件事情，莫過於如何應付朋友、家人和同事的說法與想法。對我來說，這些才是最艱難的工作。

這是現金流象限的改變，而非工作崗位的改變

大家不妨回顧一下，下面這些話你到底聽過多少遍了？

1. 「我真希望能辭掉目前的工作。」
2. 「我對換工作已經非常厭倦了。」

3.「我希望自己能賺更多錢，但是我無法辭掉目前的工作，因為我還沒有實力開辦自己的公司。而且，我不想再回到學校，重新開始學習一門新專業。」

4.「每次加薪，大部分還是用來繳稅了。」

5.「我工作非常努力，但是真正變得富有的卻只有公司老闆。」

6.「我工作非常努力，財務狀況卻沒什麼改善，我得為自己將來的退休金傷腦筋了。」

7.「我對新技術和年輕有為的員工非常恐懼，他們都有可能讓我變成毫無用處的『老古董』。」

8.「我不能再這麼辛苦地工作了，因為這已經讓我有點未老先衰了。」

9.「我上過培養牙醫的學校，但是，我卻再也不想做牙醫了。」

10.「我想另外做些事情，多認識一些人。我不想再浪費自己的時間，整日與那些滿足於現狀、不求進取的人混在一起。我不想花時間與那些只知道埋頭工作的人待在一起，當然那樣的話，他們可以得到老闆的青睞，不至於丟掉飯碗。我也不想為那些只付給自己豐厚薪水的公司工作，儘管他們也許認為這樣的話，我們就不會輕易辭職。」

現金流象限

在「富爸爸」系列叢書中，《富爸爸，有錢有理》是其中的第二本。很多人認為那是我最重要的著作（尤其對於那些準備改變自己生活的人來說），因為這種改變絕非單純地改變工作那麼簡單！

下列圖表就是富爸爸的現金流象限：

E代表「雇員」；

S代表「自由職業者」或者「小企業所有人」；

B代表「企業所有人」；

I代表「投資者」。

判斷自己處於哪個象限

判斷自己處於哪一個象限的方法很簡單，那就是看自己的現金流來自於哪一個象限。比方說，如果你的收入來自於自己所從事的一份工作，你定期從別人擁有的企業中得到一筆薪水，那麼，你的現金流就來自於E象限。如果你從自己的投資中獲得一大筆收入，那麼你可能就是一位投資者，你也就屬於I象限。如果你是一位小企業所有人，是一位像醫生、律師那樣的專業人士，或者像房地產代理商那樣依靠佣金生活，那麼，你可能就屬於S象限。另外，如果你擁有一家員工超過五百人的大企業，你可能就屬於B象限。

所處象限不同，價值觀也不同

多年前，富爸爸曾經向我解釋過各個象限不同的價值觀。比如，處於E象限的可能是一位警衛，也可能是一位公司經理，但關鍵是，他們擁有相同的核心價值觀，他們的想法和說法也許都如出一轍：「我要找一份安穩、待遇好的工作。」、「我們能得到多少加班費？」、「我們能享受多少有薪假？」也就是說，「安穩」是很多處於

E象限的人非常關切的核心價值。

S象限的價值觀

對於處於S象限的人來說，核心價值就是「獨立、自主」。他們嚮往自由，渴望做自己想做的事情。他們有時會說：「我要停下手上的工作，一個人出去走走。」他們往往過去屬於E象限，現在轉到S象限來了。

S象限的人，常常是一些小企業所有人，經營著家庭式的企業，或者是一些專家和顧問。比方說，我有一位朋友，他專門為富人家中安裝大螢幕電視、電話系統以及安全系統。他擁有三名員工，也樂意做三名員工的老闆。他就是一位名副其實、勤勉努力的S象限人。依靠獎金的銷售人員，比如房地產或保險經紀人，也屬於S象限。S象限裡也有很多專業人士，比如不屬於任何一家大型醫院、律師事務所或會計師事務所的醫生、律師或會計師。

判斷一個人是否屬於S象限，當然也可以根據他們的言辭。S象限的人常常說：「如果你想做好某件事情，那就自己動手。」、「我有最好的產品和服務。」假如要說說他們的口頭禪，那很可能是「沒有人比我更棒」。在S象限人們的內心深處，也就是在其表面獨立的背後，常常缺乏對別人的信任，他們不相信別人會做得比自己更好。

S象限人獲取的報酬，往往就是佣金，或者根據自己在該項工作上付出的時間收費。比如，S象限的人可能會說，「我的佣金是購買總價的六%」，「我每小時收費一百美元」。

S象限人是商業領域中約翰．韋恩式的美國西部牛仔，他們喜歡單打獨鬥，他們的口頭禪是「我想自己來」。

B象限的價值觀

那些白手起家建立了自己B象限企業的人，往往是那種有著很強烈的使命感，重視團隊工作，並喜歡與很多朋友一起工作的人。我在本書的前面已經提過奇異公司的創始人愛迪生、福特汽車公司的創始人亨利．福特，以及微軟公司的創始人比爾．蓋茲。

S象限的人希望成為各自領域的佼佼者，B象限的人則往往尋找該領域的佼佼者並使他們加入自己的團隊。在「富爸爸」系列叢書的前幾本中，我曾經提到亨利．福特的例子，亨利．福特就在自己身邊聚集了一大批比自己更聰明的人。S象限的人往往是一個小團體中最聰明的人，比如醫生或者諮詢師。

讓我們再來看看B象限人的收入，真正屬於B象限的人往往在離開自己的企業後，仍然能夠得到收入。在多數情況下，如果S象限的人停止工作，他們也就不會再有任何收入了。因此，現在你也許要捫心自問：「如果我今天停止工作，今後還能繼續得到多少收入？」如果你的收入在將來半年甚至更短時間內停止了，那麼，你可能就處於E象限或S象限。處於B象限或I象限的人，停止工作數年後，可能依然有持續的收入。

I象限的價值觀

I象限人士追求的價值觀就是「財務自由」。投資者喜歡讓金錢為自己工作，而不是自己工作。

投資者的投資物件種類繁多，他們可以投資金幣、房地產、企業，也可以投資股票、債券、共同基金等有價證券。

如果你的收入來自公司或政府的退休金計畫，而不是自己運用投資知識得到的，那麼這些收入其實就等於來自E象限。也就是說，你的老闆或者企業仍然在為你曾經多年的服務買單。

投資者的口頭禪可能是「我得到了二十％的資產收益」、「讓我看看該公司的財務報表」等。

不同的象限，不同的投資者

在當今世界，我們大家都需要成為一名投資者。然而，我們的學校教育體制不能向大家傳授有關投資的知識。儘管我也聽說一些學校講授有關選擇股票的知識，但是在我看來，這並不是真正意義上的投資。對我來說，挑選股票就像一場賭博，並不是真正意義上的投資。

多年前，富爸爸告訴我，很多雇員投資了共同基金或儲蓄。他曾經說過：「醫生往往是最糟糕的投資者。在某個象限取得過成功，比如在E象限或S象限取得過成功，並不意味著你將來在I象限也能取得成功。」

富爸爸指出，各個象限的人投資方式也大為不同。比如，處於S象限的人可能會說：「我不會投資房地產，因為我受不了修理洗手間的麻煩。」處於B象限的人對同樣的問題則可能說：「我想請一家房產管理公司來修理我所投資房產的洗手間。」也就是說，一位S象限的投資者可能會認為，將來自己要負責房產維修，而B象限的投資者則可能聘請另外一家房產管理公司，替自己處理房產的維修問題。人不同，觀念也就不同。處於不同象限的人，價值觀也各不相同。

如果想進一步了解各個象限的區別，建議大家不妨參閱《富爸爸，有錢有理》。正如我在前面曾經提到的，很多人認為，對於準備改變自己人生的人們來說，《富爸爸，有錢有理》是最重要的一本書。

直銷企業是屬於B象限的企業

我們說，直銷企業是為一些進入B象限的人們準備的，為什麼呢？答案是，直銷業體系是為超過五百人的群體設計的。而且，從理論上說，直銷企業的收入潛力無限，相反地，處於E象限和S象限人的收入常常是有限的，它完全取決於你個人的產出。在直銷企業中，你可以依靠人脈網絡來賺錢。如果你建立起了一個龐大的網絡，就能賺到很大一筆錢。

等到你建立了一個龐大的網絡系統，接下來的一步就是爭取實現從B象限轉到I象限。至少富爸爸鼓勵我那樣做，我也真的做到了。當初嘲弄我辭掉全錄公司工作並創辦自己公司的同事，如今仍然是全錄公司的推銷員。他們從來沒有改變自己的思想，從來沒有改變自己的核心價值觀，因此也從來沒有改變自己所處的象限。現在，我聽說他們當中有些人正在為可能失去工作憂心忡忡，有的人甚至連準備退休的錢也沒有。其實，那也就是說，他們在E象限和S象限耗費了人生太多的時間。

長大後你想成為哪個象限的人？

小時候，窮爸爸常常對我說：「好好上學，爭取好成績，這樣你將來就能找到一份穩定的工作。」顯然，他為我規劃的是E象限人的路。

媽媽常常對我說：「如果你將來想成為一位富人，就應該去當一名醫生或者律師。這樣的話，你就永遠不會求助於別人。」她為我規劃的是S象限人的路。

與此同時，富爸爸對我說：「如果你將來想做一位富人，就應該準備建立自己的企業。」富爸爸鼓勵我學習做一名企業所有人和投資者。

等到我從越南戰場歸來後，我不得不做出決定：到底要按照哪個人的建議去做？

大家不妨先看看下列的現金流象限圖表：

我必須問自己這樣一個問題：「我在哪一個象限中取得商業成功的機率最大？」我不想成為終生勞碌、奔波的雇員，也不想重新回到校園，將來做一名屬於S象限的醫生或律師。我知道對自己來說，獲得商業成功最好的路就是爭取做一名屬於B象限和I象限的人，因為我想成為一名百萬富翁，而且不想為了賺到這些錢而循規蹈矩、終生辛勞。現在，我已經不必為了賺百萬美元而去工作，更不必非常辛苦地工作。我工作得越來越少，賺到的錢卻越來越多，因為我利用了人脈網絡的力量。

現在，該輪到大家仔細看看這張現金流象限圖表了。你也許需要問問自己：「哪一個象限最適合自己？」

很多人一輩子勤勉努力，卻沒有取得財務成功，其中一個原因可能就是他們沒有改變自己所屬的象限，而僅僅是簡單地變換工作。因此，我們常常聽說某人頻繁變換工作，或聽到有人欣喜地說：「我終於找到了很棒的工作！」然而，即便他們找到了很棒的工作，他們的人生也不會有多大的改變，因為他們沒有改變自己所屬的象限。

所屬象限的改變，意味著價值觀和朋友圈的改變

直銷企業的優勢之一，就是它們匯聚了一大批陌生人，其中有些人將來可能會成

為你最好的朋友。對我來說，當初離開全錄公司時所面臨最困難的事情，就是我的大多數朋友和家人都屬於E象限。他們的價值觀與我截然不同，他們追求穩定的工作和薪水，而我更看重能不能實現財務獨立和自由。

如果你想改變自己所屬的象限，打算投身直銷企業，可能會比我更有優勢。至少，直銷企業可以為你提供一大群志趣相投、擁有B象限核心價值觀的朋友，幫助你更快轉型到B象限。現在回想起來，我當初之所以能夠順利實現轉型，主要得益於富爸爸及他兒子的鼓勵。那個時候，其他人幾乎都認為我瘋了，或許我也的確有點發瘋。但是，如果僅僅因為自己需要一份穩定、可靠的工作和薪水，並不足以讓我繼續留在全錄公司。

當時那些繼續留在全錄公司的朋友，還是我很要好的朋友。將來也依然如此，因為在我人生的轉捩點上，他們的確想幫助我。不過，我還是選擇了離開，選擇了繼續往前走。如果你有機會往前走，而你本人又很嚮往B象限，也許就應該投身直銷企業，開始結識一些新朋友。

你的朋友們都處在哪個象限

今天，四個象限中都有我的朋友。但是，我最要好的朋友都處在B象限和I象限。與人交往的時候，我非常在意他們的價值觀及其所處象限。我發現，在我與E象限的人談論企業或投資話題的時候，他們似乎都難以理解，有時候甚至感到很可怕。比如，如果我對E象限的人說：「我想創辦自己的企業。」他們的反應往往如出一轍：「那不是有些太冒險了嗎？」現在想起來，這主要是因為我們的核心價值觀不同。讓別人感到可怕總不是一件好事情，因此，在與E象限和S象限的人見面時，我多數時候聊的話題都是關於天氣、體育比賽或者最近上演的電視節目等。

很多已經投身直銷企業的人，不少都運用富爸爸的現金流象限分析自己的商業活動。他們常常也會畫出下列圖表：

接著，他們會向那些對他創辦的直銷企業感興趣的人解釋、介紹自己獨特的核心價值觀。據說，他們很多人都透過運用這個圖表，讓那些潛在的新企業主感到更容易理解，也感到精神備受鼓舞。由此，這些潛在的新企業主開始慢慢地改變自身的核心價值觀，並走進商學院學習怎樣做一名企業主，而不是一名雇員。

雖然並非你所有的聽眾都要創辦自己的企業，但是，仍然有很多人會對你深懷感激，因為你運用了富爸爸的象限理論，講授核心價值觀，幫助他們整理思路，而不是一味要求他們創辦自己的企業。如果大家花些時間仔細分析各個象限，權衡各自的利弊得失，可能就能理解從一個象限到另外一個象限的轉變，絕非思想轉變那麼簡單，它實際上是核心價值觀的轉變，而核心價值觀的轉變往往都需要相當長的一段時間。

「從一個象限到另外一個象限的轉變，實際上是一種核心價值觀的轉變。」

我認為很難向大家解釋直銷的原因之一，就是現在只有為數不多的一群人在B象限取得了成功。由於深受學校和家庭舊有價值觀的影響，絕大多數人都處在E象限或S象限。實際上，我估計大約有八十%的人處在E象限或S象限，同時大約有十五%

的人處在I象限，只有不到五％的人真正處在B象限。也就是說，在我們生活的星球上，像愛迪生、比爾．蓋茲那樣的傑出人物實在是少之又少。很多著名的CEO也都處在E象限，而不是處在B象限。比如，曾經風光無限的奇異公司CEO傑克．威爾許，實際上也不過是奇異公司的一名高級雇員而已。我們承認傑克．威爾許是一位卓越的領導者，但是，奇異公司的創立者、老闆卻是那位曾經輟學的愛迪生。愛迪生擁有超人的遠見，他白手起家，創辦了奇異公司，並且將它發展成為一家巨型跨國企業。

我還想再說一遍，只有為數極少的人最終真正成為B象限的領導者。因此，當一家直銷企業的領導者向大家講述新商機時，他們往往並不清楚這個商機到底有多大。長期身處E象限和S象限的人，想像力受到了極大的限制，他們根本認識不到這麼大的商機。說起來非常幸運，正是由於富爸爸早年的教誨拓展了我的思路，才讓我能夠懂得B象限企業的力量。因此，我只做了四年公司雇員，就選擇了走自己的路。我不想在成年後做一名E象限或S象限的人，我明白自己渴望將來生活在B象限和I象限。

如果你打算創辦一家直銷企業，並且準備告訴自己周圍的朋友，那我建議你向他們解釋一下富爸爸提出的「現金流象限」這個概念，解釋一下你改變自己所屬象限的理由。這樣做肯定會比簡單地說一句「我要辦一個業餘的直銷公司」更有效果，肯定會獲得更多的支持。正如我在前面所說，直銷企業之所以很難讓人們理解、接受，原因就在於結識企業所有者的人並不多，絕大多數人的親朋好友都處在E象限或S象限。另外，如果你有耐心現身說法，向他們講述自己觀念轉變的經歷，他們或許也會加入你的行列。要讓他們懂得觀念轉變是一個過程，也許要耗費數年時間，並不是一個快速致富計畫。如果你打算認真考慮，那我還要向大家推薦一份「五年規劃」。

五年規劃

常常有人問我：「為什麼需要一份五年規劃呢？」好了，請讓我細細說來。

理由一：星巴克咖啡連鎖公司的創立經過了數年時間，麥當勞公司的創立經過了數年時間，SONY公司成為世界電子巨頭也經歷了數年時間。也就是說，大型公司或卓越的領導者都需要經過數年時間的努力。然而，很多人並沒有想到成就一番事業需要數年努力，他們以為能夠馬上如願以償，能夠快速致富，這大概也是B象限的人如此少的其中一個原因。很多人希望賺錢，但又不願意投入更多時間。

正如我在前面一再強調的，學習是一個行為的過程，而行為學習有時候比智力學習需要花費更多時間。比如，你也許決定要學騎腳踏車，但是真正的學習過程也許要比頭腦中做出決定花費更多時間。當然，這樣的好處是，一旦你真正學習了，通常也就會永遠掌握某種知識和技能。

理由二：另一方面，忘卻同樣也是一個行為過程。曾經有一個稍嫌粗魯的說法：「你不能教老狗新把戲。」還好，我們是人，而不是狗。不過，上述說法仍然有一定道理，有時候，我們很難忘卻多年來學到的東西。這麼多人之所以樂於處在E象限和S象限，原因就是感覺在那裡更舒適、安穩一些。畢竟，他們多年來一直學習的是怎樣在E象限和S象限之中生活。很多人最終待在E象限和S象限，因為他們認為那裡更舒適，儘管這種暫時的舒適最終並沒有為自己帶來什麼好處。

另外，應該花些時間學習一些新東西，同時設法忘卻一些老東西。對於一些人來說，從象限左側轉換到象限右側最難的事情莫過於忘卻E象限和S象限的觀念。一旦忘卻了自己曾經學過的某些東西，我想這種轉換就會大大加速。

理由三：化蛹成蝶，中間必須經歷「結繭」這個環節。我大學畢業時進入飛行學校，離開飛行學校時，我已經成為了一名準備趕赴越南戰場的飛行員。假如我當初進入民航飛行學校，儘管結業時我也是一名飛行員，但是我很懷疑自己是否會準備參戰。軍隊飛行員與民航飛行員所學的東西大相徑庭，飛行技巧不同，訓練強度不同，最終是否參戰自然也不同。

我花了近兩年時間在佛羅里達州上完初級飛行學校，獲得了飛行章，這意味著我已經是一名飛行員了。接著，我又進入位於加利福尼亞州的彭德爾頓營海軍陸戰隊基地，接受高級飛行訓練。在那裡，我們學習搏鬥要比飛行還多。我不想囉哩囉嗦地向大家講述這些細節，但是在彭德爾頓營海軍陸戰隊基地，我們的訓練強度明顯增加了。

等到我們結束了飛行學校的訓練、成為一名飛行員後，我們還用了整整一年時間為奔赴越南戰場做準備。我們經常飛行，檢驗自己智力、情感、行為和精神適應各種飛行環境的情況。在這裡，仍然存在「學習金字塔」中的四個面向。

經過了彭德爾頓營海軍陸戰隊基地大約為期八個月的訓練之後，我的內心發生了不少變化。在一次飛行訓練中，我終於成為了一名準備參戰的飛行員。此前，我一直進行著智力、情感和行為上的飛行。在其中一次訓練中，我精神上發生了改變。訓練任務重得令人害怕，忽然之間，我的所有懷疑和恐懼都被拋到了九霄雲外，而精神的力量控制了一切。飛行已經變成了我自己不可分割的一部分，我在機艙內感到非常平靜、放鬆。我準備要趕赴越南參戰了。

那並不是說我心中已經沒有了一絲恐懼。實際上，我仍然害怕參戰，害怕死亡，害怕受傷殘疾。區別在於，我當時準備參戰，自己的信心戰勝了恐懼和擔心。需要補充的一點是，與此非常相近的改變人生的教育在很多直銷企業中都可以遇到。

我成為一名企業主和投資者的過程，與自己當年成為一名準備參戰的飛行員的經歷也非常相近。在忽然發現自身的精神，即大家常常所說的「企業家精神」之前，我也曾經在企業界經歷過兩次失敗。正是這種企業家精神，促使我無論經歷了多少磨難，仍然一直處在Ｂ象限和Ｉ象限。我一直堅守在Ｂ象限和Ｉ象限，而不願意退回到安穩舒適的Ｅ象限和Ｓ象限。可以說，我整整用了十五年時間，才獲得了很快樂、很舒適地堅守在Ｂ象限和Ｉ象限的自信。

我本人還在執行五年規劃

當我決定學習某些新東西時，比方說房地產投資時，我仍然要給自己五年時間去學習整個房地產投資。當我決定學習股票投資時，我同樣給自己五年學習時間。很多人投資一次，賠了一點錢，便馬上收兵，洗手不幹。他們在自己第一次犯錯時就裹足不前，結果沒有學到任何東西。富爸爸曾說：「真正的贏家懂得輸是贏的整個過程中的一環，只有輸家才會認為贏家從來不會輸。輸家就是那些夢想成功，卻時時不願犯錯的人。」

今天，我依然給自己五年時間，盡可能多犯錯。因為我明白，犯錯越多，從中學到的東西也就越多，五年後的自己將會更加聰慧。如果我不犯任何錯誤，五年後也不會比今天聰明多少，只是年齡增加五歲而已。

我在B象限和I象限的學習歷程仍然沒有結束

時至今日，我本人已經在B象限和I象限度過了好多年，仍然感到有很多東西值得自己努力學習和掌握。也許，我的餘生還要在這種學習中度過。這麼做帶來的直接好處是，我學到的東西越多，就越能少做事多賺錢。如果你或者周圍的朋友們以為，自己能夠開始創辦一家直銷企業，而且可以馬上賺錢，那你們顯然還是像E象限和S象限的人那樣思考問題，位於E象限和S象限的人特別熱衷於各種快速致富計畫和傳說。如果真的打算開始自己的致富旅程，我建議你至少要用五年時間學習與提升自己、改變個人核心價值觀、結識新朋友。在我看來，這些轉變比多賺幾美元重要多了。

小結

總而言之，直銷企業的優勢不僅僅能夠提供良好的商業教育，而且往往能提供一個全新的朋友圈，這些朋友與你自己目標一致，擁有共同的價值觀。在我看來，這種友誼無比珍貴。如果我當初沒有遇到那麼多好朋友，肯定也不會完成這些歷程。

此外，如果大家在分析周圍事物時運用現金流象限，並且認同富爸爸關於金錢、商業和生活領域中四類人的理論，那我將非常感激。多年前，富爸爸的現金流象限理論向我展示了窮爸爸未曾注意到的世界；今天，我衷心希望現金流象限理論也能為各位的人生帶來新的改變。

你本人、朋友和家人都處在哪個現金流象限

在閱讀下一章之前，你也許想花點時間評估一下你周圍的人所屬的現金流象限。

人物

父親

母親

配偶

兄弟（列出他們的名字）

姐妹（列出她們的名字）

朋友（列出名字）

現金流象限（E、S、B、I）

你本人現在屬於哪個象限？你希望將來屬於哪個象限？

	E	S	B	I
現在所屬象限	____	____	____	____
將來所屬象限	____	____	____	____

你改變自己所屬現金流象限的計畫是什麼？你打算怎樣得到新的教育和經驗，怎樣改變自己的核心價值觀？

____

____

____

____

____

____

____

____

下一個價值

下一章，我們將要介紹成為一個企業主的人際網絡價值。

6

核心價值四——

等比級數增長的人脈網絡

一九七四年，我任職於夏威夷的全錄公司。當時，我在推銷全錄傳真機時遇到了很大的困難。因為傳真機屬於新產品，人們對它缺乏了解，他們常常反問我：「嗯，傳真機的確不錯，但是，還有誰擁有它呢？」他們擔心如果別人沒有傳真機，無法與別人的傳真機形成網絡，獨自擁有一台傳真機也毫無意義。今天，傳真機已經變得非常普及了。

隨著越來越多的人開始使用這些新型傳真機，傳真機的價值大大提升，銷售也變得越來越容易了。我曾經花費了四年的時間賣力地推銷這種新型傳真機，花費了大量時間向人們解釋這種機器的原理和用途。現在，很多企業甚至家庭都在使用傳真機，推銷人員根本不用費盡口舌解釋傳真機的優點，客戶們購買時也只是選擇自己所要的傳真機型號。銷售人員除了簡單講解該型號傳真機的使用說明，也不必再做其他任何解釋。由此可見，只有在形成一個龐大網絡後，傳真機的價值才會大大提升。因此，本章將要重點討論人脈網絡的價值和力量。

梅特卡夫法則

人們一般認為，羅勃特·梅特卡夫是乙太網路的發明者之一。他還創辦了著名的高科技公司——3Com公司。所謂的梅特卡夫法則，具體內容是：

一個網絡的經濟價值＝用戶數量的平方

簡單來說，可以這樣理解梅特卡夫法則：

如果只有一部電話，那麼這部電話實際上就沒有任何經濟價值；如果有兩部電話，根據梅特卡夫法則，電話網絡的經濟價值等於電話數量的平方，也就是從零上升到二的平方，即等於四；如果再增加一部電話，那麼，這個電話網絡的經濟價值就上升到三的平方，即等於九。也就是說，一個網絡的經濟價值是按照等比級數增加，而不是等差級數增加的。

「一個網絡的經濟價值是按照等比級數增加，而不是按等差級數增加的。」

約翰・韋恩式的商人

在我父親生活的那個時代，約翰・韋恩是成功的典範。他被描繪成無須別人協作和幫助，就能夠獨立完成所有工作的形象。處理與女性的關係時，他運用了「自己的地獄，別人的天堂」模式。當時的電視節目，比如《留給比弗》（Leave It To Beaver），講述沃德・克利弗（比弗的父親）外出工作，而瓊・克利弗（比弗的母親）待在家裡，她是一位盡職盡責的妻子，整日做飯、洗衣，等待騎士般風光的丈夫帶著薪水回家。

自從二十世紀五〇年代那些電影、電視播映以來，整個世界已經發生了巨大變化，但是，很多舊有的商業思想依然根深蒂固，揮之不去。今天，我仍然常常聽到有人說：「我打算獨自創辦個人的企業。」在我看來，「獨自創辦個人的企業」的想法完全是約翰・韋恩式的商業思想。我曾經講過，很多人在說他們打算「獨自創辦個人的企業」的時候，往往就是從E象限轉入S象限，而不是轉入B象限。如今，S象限匯聚了很多艱苦打拚的人們，匯聚了很多約翰・韋恩式的企業所有人。

特許經營本身就是一個網絡

二十世紀五〇年代，一種新型商業模式出現了，那就是特許經營。著名的特許經營企業有麥當勞、溫蒂漢堡等，特許經營如今已經被人們普遍接受了。然而，在五〇年代它剛剛出現的時候，很多思想守舊的人們，很多具有約翰・韋恩式商業思想的人，都紛紛抨擊特許經營模式，甚至宣稱它是非法的。現在，無論走到世界上任何地方，比如北京、南非，甚至是非常遙遠的國度，我們都可以看到像麥當勞那樣著名的特許經營企業，人們已經喜歡上了特許經營。

簡單地講，特許經營就是一個企業網絡，一個由很多企業所有者組成的龐大企業網絡。大家現在都明白，一位類似麥當勞的特許經營企業所有者要比那些創辦自己的漢堡品牌的人強大得多。如果他們處於相鄰位置，展開競爭，就算約翰・韋恩式的商人能做出更好吃的漢堡，大概也很快就會倒閉了。

就像其他新企業，一家特許經營企業在擁有很多加盟企業之前，實際上並沒什麼價值。我依然記得，當初見到第一家MBE公司（Mail Boxes Etc）時，我對它的前景非常擔心。結果，隨著特許經營店的加盟，該公司忽然之間取得了突飛猛進的發展。同樣的事也在星巴克公司上演。多年前，我初次聽說這家創辦於西雅圖、名稱有趣的小咖啡公司。現在，星巴克咖啡店已經隨處可見。在美國紐約，幾乎每個街頭巷尾都有星巴克咖啡店。但是，這種令人難以置信的增長主要是透過公司本身擁有的連鎖店取得的，而不是透過特許經營實現的，這是梅特卡夫法則的另外一個例子。

在我居住的社區，當MBE公司特許經營店在購物中心開張後，原來有一家開辦了好多年的包裹郵寄店很快就倒閉了。同樣的情形發生在小咖啡店主身上，他們很快就在與星巴克的競爭中敗下陣來，即便他們擁有更好的咖啡。可以說，苦苦打拚的個人再次輸給了網絡經營者。

第二類網絡企業

二十世紀七〇年代，一種新型的網絡企業開始出現。這種企業正是本書要著重討論的直銷企業。它不是特許經營的企業網絡，而是特許經營的個人網絡。也就是說，它是一種個人特許經營。這種新型直銷企業的首次亮相也招來了很多批評，後來卻有數百萬人陸續投身其中。如今，這種企業仍然備受爭議，儘管如此，直銷業的發展速度還是遠遠超過了特許經營業或其他傳統行業。

很多人之所以沒有看到直銷業的驚人發展，其中一個原因是在絕大多數情況下，直銷本身是一種看不見的商業活動。與那些有著醒目標誌的企業（如麥當勞或者星巴克）不同，很多直銷特許經營企業就開設在個人家裡，或者非常狹小、很不起眼的辦公室裡。不過，可別小看它們，很多成功的直銷特許經營企業，賺的錢遠遠多於普通特許經營企業。

直銷企業蘊藏著無限商機

在本書的一開始，我曾經列舉了直銷企業可以提供的很多產品或服務，其中包括法律服務、電話服務、化妝品、維生素、服裝甚至房地產等很多種類。更讓我吃驚，也讓我大開眼界的是，就連一些大公司包括花旗銀行、美國線上時代華納公司、波克夏·海瑟威公司都開辦了直銷服務。一旦打開了自己的思維，我就意識到只會從外行那裡聽到對直銷的各種非議。直銷實際上是一種無形的虛擬式企業，這也意味著我們看不到這種行業的發展和成長。我們只會聽到來自舊有商業模式的人們，或者約翰·韋恩式的人們發出各種抱怨和牢騷。直銷業之所以能夠持續發展，原因就在於梅特卡夫法則所蘊藏的巨大力量。

運用梅特卡夫法則的力量

直銷的顯著特色在於，像你我這樣的普通人都可以參與。不過，大家必須遵循梅特卡夫法則。如果遵循梅特卡夫法則，投身直銷公司就是一個良好的開端，但是，單單這樣做並不意味著你一定能夠運用梅特卡夫法則的力量。這就好像你買了一部電話，周圍卻只有你一個人擁有電話。

為了運用梅特卡夫法則的力量，大家的任務就是模仿或者重複像自己一樣的人。等到有了兩個人，網絡的經濟價值就是二的平方，也就是從當初的零上升到了四；如果有了三個人，網絡的經濟價值就從四上升到了九；如果你發展的二個人各自發展二人，你們網絡的經濟價值就有了突飛猛進的發展。這裡需要強調的是，網絡經濟價值的增長並不是按照等差級數那樣緩慢增長，而是按照等比級數增長。這就是網絡企業的巨大價值和潛力。

隨著時間的推移，成功的直銷企業所有者就可能比很多專業人士，比如醫生、律師、會計師以及其他辛苦打拚的人們賺到更多錢。造成這種差異的根源，或者說成功的直銷企業所有者更加富有的理由，歸根究柢在於梅特卡夫法則。

「大家的任務就是模仿或者重複像自己一樣的人。」

在前面一章中，我們討論了結識新朋友的意義。假如你願意花一點時間，向他們解釋現金流象限，詢問他們願意處在哪個象限，並向他們介紹梅特卡夫法則的力量，我相信你一定能夠找到一位對你自己現在帶來的商機非常感興趣的人。你也可以向他們介紹說，儘管因為直銷企業是無形的，未能充分引起人們的注意，直銷仍然是當今世界發展最迅速的商業模式。

創建一家直銷企業，其實就是尋找與你自己在理財觀念上志同道合的新朋友。比方說你的網絡中有十個人，那麼，你們網絡的經濟價值現在就是一百，而不是十。如果這十位各自介紹十位朋友投身直銷，你們直銷網絡的價值就會大大提升。我在前面曾經說過，我本人在二十世紀七〇年代初期剛剛接觸直銷業的時候，思想上並沒有立即接受。我當時觀念守舊，思想保守，因此並沒有意識到自己面前的巨大商機。直到今天，我才看到了直銷業的潛力。如果一切都可以重來一遍，我一定不會創辦傳統的企業，我一定會致力於建立一家直銷企業。

「門檻」很低的好創意

可惜，我當初沒有建立直銷企業，而是花費數百萬美元，有時候甚至賠掉數百萬美元，去建立老式的企業。雖然我對於自己走過的路並不後悔（這些歷練讓我懂得如何從頭開始創辦一家傳統企業），但是，我現在還是要真誠地對大家說，對於絕大多數人來說，創辦一家直銷企業可能更有意義，尤其當你沒有數百萬美元資本建立一家傳統企業或者購買一家著名公司的特許經營權時。簡單來說，進入成本較低，又有良好培訓計畫的直銷企業，實在是一個很好的創意。直銷業興起的時代已經來臨，並且在全世界蓬勃發展。大家只需開放自己的思維，就能發現這一點。當然，你也許不能用眼睛看到，因為直銷企業往往是虛擬的。它們沒有金碧輝煌、宏偉壯觀的建築，也沒有碧綠的草坪吸引大家。因此，儘管直銷業在全世界得到了很大發展，卻很少有人注意到這一點。

直銷業的未來

雖然直銷業已經取得了很大發展，不過，現在仍然是投身直銷業的好時機。為什麼這樣說呢？因為世界各地的人們終於發現，工業時代已經結束，我們正在步入資訊化時代。大型企業如奇異公司、福特汽車公司等，都是工業時代的產物。特許經營企業如麥當勞公司等，都是處在工業時代向資訊化時代轉型期的企業。直銷企業才真正是資訊化時代的特許經營企業，原因非常簡單：很多直銷企業幾乎主要依賴資訊進行運作，而不是憑藉土地、工廠和雇員等進行運作。

小時候，父母常常對我說：「好好上學，爭取好成績，以便將來找到一份待遇優渥、穩定的工作。」其實，這些都是典型的工業時代思想。的確，我的父母非常信賴穩定的工作、公司提供的退休金和醫療保險、政府提供的社會保險和醫療保險。現在看來，這些都是工業時代的老觀念。如今，我們很多人都知道，所謂穩定的工作純粹是一個笑話，而且對於很多人來說，終生任職於一家公司已經變得越來越不可行了。此外，如果大家計畫用退休金購買很多高風險股票和共同基金的話，所謂的退休安全實際上也成了一個笑話。現在，人們需要一些全新的觀念體系才能找到財務安全。很顯然，直銷企業就是解決上述困境的一個良方。目前，越來越多人開始醒悟，尤其是在「九一一」恐怖攻擊以及股市危機後，很多人發現在這個日益缺乏安全感的社會中，直銷企業開啟了人們的一個新思路。直銷企業向全世界數以億計的人們，提供了把握個人生活和財務未來的良機，因此，即便思想保守的人們視若無睹、置若罔聞，直銷業也將會持續、快速的發展。

小結

多年前，我曾經是一位推銷第一代電傳機，也就是現在大家熟悉的傳真機的推銷員。由於當時擁有傳真機的人很少，我的推銷工作遇到了很大的困難。隨著傳真機使用者數量的增加，我的推銷工作也越來越容易。可以說，傳真機的社會保有量越大，傳真機的價值也就越大。這就是梅特卡夫法則的力量。

今天，在推廣直銷觀念的過程中，同樣的情形發生了。多年前，很多人嘲笑直銷，給了它非常糟糕的名聲，我當然了解這些。現在，整個世界發生了變化，直銷業的未來只會更加美好。正如我在前面提到的，目前很多大公司都設立了專門的直銷部門。儘管很少有人意識到，但是，事實上直銷必將成為一種主流業務。因此，即便周圍的朋友或同事沒有發現這個商機，你也應該敞開胸懷，這樣就能看到梅特卡夫法則的力量，看到正在自己面前的網絡的力量。你所要做的，就是發自內心地說：「我想讓網絡的力量為自己工作。」

下一個價值

下一章我們將要討論商業技巧。一個人如果想在實際商業領域取得成功，就必須具備商業技巧。直銷業的一大優點，就是它能教人們非常寶貴的商業技巧，這種商業技巧能夠幫助大家獲得更多財富。

7

核心價值五——

培養個人的推銷技巧

在我的人生中，一九七四年可以說是一個轉捩點。當時，我從美國海軍陸戰隊退役，即將回到現實世界。問題是，我到底要進入哪一個世界呢？是進入窮爸爸的世界，成為屬於E象限的雇員，還是進入富爸爸的世界，成為B象限的一員呢？

正如我在前面講過的，我接受過兩種職業訓練，很容易成為E象限的一員。我可以回到航運業中，成為標準石油公司駕駛油輪的船長，也可以像很多同學那樣，成為民航機駕駛。兩種職業都很有吸引力，但是，我知道自己不願意成為一名船長或是飛行員，那些日子已經離我遠去了。雖然面臨更大風險，沒有什麼保障，我還是決定走富爸爸的路，而不願意步上窮爸爸的後塵。

一九七四年初，從海軍陸戰隊正式退役前，我找到了富爸爸，請他將我訓練成為B象限的成功者。我至今依然清楚地記得，當時我來到他位於夏威夷州漂亮的辦公室中，向他請教怎樣度過自己人生的另外一個階段。我那時二十六歲，我知道自己需要一些進入B象限的指導，因為進入B象限並不容易。「我到底應該怎麼做呢？我到底需要什麼訓練呢？」我問富爸爸。

富爸爸從辦公桌旁抬起頭，毫不猶豫地說：「去找一份做銷售的工作。」

「做銷售的工作？」富爸爸的話讓我覺受到羞辱，我按捺不住自己內心的困惑，大聲說道：「我想成為B象限的一員，我不想去做什麼銷售工作。」

富爸爸停下手邊的事，摘下眼鏡，狠狠地盯著我說：「你問我下一步應該怎麼走，我也只是告訴你下一步應該怎麼走。如果你不願意按照我的建議去做，那請你馬上出去！」

「但是，我想成為一位企業所有者，我不想做一位推銷員。」我爭辯說。

「聽著，」富爸爸說道，「我已經提醒過你多少次，如果你想來我這裡尋求一些建議，你首先就應該謙虛、認真地聽取我的建議。如果你不願意聽取我的建議，那麼，今後就不要再問我任何問題。懂嗎？」

「好，那請你解釋一下，為什麼我應該先去做銷售工作？」我突然清醒多了，聲音也變得柔和了。富爸爸和窮爸爸都很嚴肅、直率，我明白自己如果想向他們請教，最好要對他們非常尊敬。接著，我又問道：「請您告訴我，為什麼學習推銷技巧這麼重要呢？」

> 「在商業領域，推銷技巧是最重要的。」

「在商業領域，推銷技巧是最重要的。」富爸爸說，「推銷技巧是B象限人士最重要的技巧。如果你不懂得銷售，就不要說想做什麼企業所有者了。」

「推銷技巧是最重要的？」我感到有些困惑。

「最優秀的推銷員就是最優秀的領導者。」富爸爸接著說，「看看甘迺迪總統，他是我聽過最偉大的演說家之一。他演講的時候，人們都能受到啟發和鼓舞，他有一種與人們心靈對話的能力。」

「您的意思是，當人們在講臺上或者電視上發表演講的時候，其實也都是一種推銷，是嗎？」我追問道。

「當然。」富爸爸說，「當你寫作，或者進行一對一談話時，比如你要求你的孩子拿起他們的玩具，其實都是在推銷某種東西。可以說，你們的中學老師每天都在推銷……」

「不過，有些老師的推銷不太成功。」我笑著插了一句。

「是的，因此他們不是很偉大的老師，所有偉大的老師都是偉大的推銷員。讓我們回顧一下，耶穌基督、佛祖、德蕾莎修女、聖雄甘地、穆罕默德等都算得上是偉大的老師，也都算得上是偉大的推銷員。」富爸爸接著說。

「因此，我在推銷方面做得越好，我的人生也就會越成功，是嗎？」我問。

「沒錯。反過來講，」富爸爸回答說，「那些人生很不成功的人，沒有人願意聽他們在說什麼。」

「人人都可以做好推銷工作嗎？」我問。

「當然，我們所有人生來就是推銷員。你只要留心身邊的嬰兒就會發現，他們如果感到飢餓，卻沒有得到想要的食物，他們會怎麼做呢？」

「我們所有人生來就是推銷員。」

「他們可能會大哭。」我回答說，「他們也在與周圍的人交流、溝通，推銷自己的感受。」

「是的，」富爸爸顯得有些興奮，「你曾經告訴過一個孩子說他不能擁有某件東西嗎？如果爸爸沒有給他想要的東西，他可能轉而向媽媽要。如果媽媽也沒有給他想要的東西，他可能會打電話向爺爺、奶奶求助。奇怪的是，隨著年齡的增長，我們倒失去了那種『我能夠擁有自己想要的任何東西』的『霸氣』。隨著年齡的增長，周圍人告訴我們不能再要求得到自己想要得到的東西。我們不能挑剔、抱怨，不能再做一個麻煩製造者。這樣，我們也就學會了不再去推銷。」

「因此，身為成年人，我們不得不重新學習自己過去早已經熟知的東西。」我說。

「是的，如果我們想要得到自己嚮往的東西……」富爸爸補充了一句，接著，他又說道：「我大概在三十歲的時候，忽然感到自己在人生中已經嚴重落伍。我缺乏某種東西，儘管工作努力，事情卻沒有像自己預期的那樣發展。很快地，我意識到更加努力工作並沒有什麼用。我發現如果不改變自己，我的人生最終將一無所獲，所以我必須改變。接著，我慢慢意識到自己不懂得與人溝通。我的員工不聽我的安排，我告訴他們做某件事情，他們卻去做另外一件事情，或者乾脆什麼事情都不做；客戶也不理解我，儘管我反覆告訴他們自己產品的優異性能，他們仍然去購買別人的產品；與陌生人接觸時，我常常顯得笨嘴拙舌，不知所措；我很討厭參加各種聚會，常常感到詞不達意。我的溝通技巧實在太糟了。很顯然，如果我想在商業領域取得成功，首先必須學會推銷自己。我需要學習做一名更出色的交流者，需要突破自己，從過去的『殼』裡走出來。我必須學會不再怕人，必須重新學習小時候曾經懂得的東西。」富爸爸停頓了一下，似乎還在回憶當時的事情。然後，他問我：「你還記得好多年前，你和邁克都還在上小學，我去檀香山市參加為期一週的推銷培訓課程的事情嗎？」

「記得，」我說，「當時，我爸爸還認為你參加這樣的培訓實在有些太離譜了。」

「是嗎？」富爸爸顯得有點吃驚，「他是怎麼說的？」

「他說：『為什麼要花這麼多錢，參加一個不能獲得任何學位的培訓課程呢？』」

聽到這些話，富爸爸忽然大笑起來，他說：「我用自己當時僅有的兩百美元參加了那個培訓課程，不過，那次培訓卻為我帶來了數百萬美元的回報。哈哈，你爸爸滿腦子裡只有大學學位，對吧？」

「對。」我接過富爸爸的話說，「你們兩人的價值觀不同，我爸爸想得到更多的學位，而你想取得更大的財務成功。」

富爸爸仍然笑個不停，他取出黃色的便條紙，寫下了兩個單詞：

購買／銷售

富爸爸指著便條上的詞語，對我說道：「在商業領域，這是兩個非常重要的詞。在股市和房地產行業中，人們總是一直在討論有關購銷協定的話題。市場以及整個商業活動都要有買家和賣家才能運作，如果沒有買家，我就會破產。這就意味著，我必須不斷地推銷自己的產品和服務。我必須透過電視和報紙廣告，透過我的文章，向員工、投資者、會計師以及律師推銷。我整天都在推銷，我必須讓自己的團隊不斷前進，讓客戶高興而來，滿意而去。因此，推銷絕非只讓人們掏錢買自己的東西那麼簡單。」

「我明白。不過，為什麼學習推銷如此重要呢？為什麼推銷是B象限人士必須具備的首要技巧呢？」

「這個問題問得很好。」富爸爸讚賞道，他接著說，「絕大多數人沒有意識到的一點，就是你推銷得越多，你能購買的就越多。」

「怎麼解釋呢？」我還有些困惑，知道自己又聽到了一個很重要的話題，還需要理解得更透澈一點，「為什麼說『推銷得越多，能購買的就越多』呢？」

如果你想購買東西，首先必須推銷東西

富爸爸慢慢地點點頭，讓我進一步思考自己剛才說過和聽過的東西。「你能推銷多少，就可以購買多少。」富爸爸說，「如果你想購買東西，首先必須推銷東西。因此，推銷技巧是你最重要的技巧。」

「這樣說來，如果我不能推銷，就不能購買，是嗎？」我問道。

富爸爸點點頭，慢慢說道：「窮人之所以窮，就是因為不善於推銷，或者根本沒

有東西可以推銷。窮國也是如此，窮國往往不善於推銷自己擁有的東西，或者根本就一無所有。這個道理適用於所有人，很多人非常有才能，但是卻不善於推銷自己的才能。一個不善於推銷的企業注定要倒閉，即便它擁有大量存貨。我注意到，如果一家企業財務吃緊，往往就是因為企業領導者不善於推銷。他們也許很聰明，卻不善於與人交流、溝通。我遇到過很多公司的中階經理，他們不能繼續得到晉升，就是因為不懂得推銷。在我們身邊，那麼多單身者沒有找到自己夢想中的另一半，也只是因為他們沒有好好地與人交流。」

「你的意思是，當我與一個女性約會的時候，也是在推銷自己？」

「是的，是很重要的推銷。」富爸爸肯定地說，「世界上到處都有孤獨、貧窮的人們，原因很簡單，就是從來沒有人教育他們怎樣進行推銷，怎樣與人交流，怎樣克服對被拒絕的恐懼，以及被拒絕後怎樣重新振作起來等。」

「這樣說來，推銷影響到人們生活的各個層面。」我補充說。

「是的，因此，好多年前，我用自己手頭最後一筆錢參加了推銷培訓。現在，我比你爸爸擁有更多財富，這是因為他僅僅擁有大學學位，而我接受過良好的推銷技巧培訓。所以，如果你想成為一名商人，那就去學習怎樣推銷，不斷提升自己的推銷能力。你的推銷能力越強，就會越富有。」富爸爸說。

接著，富爸爸解釋說，會計師為了得到一筆穩定的收入，也在推銷個人的專業技巧。他說：「當一個人應徵某個職位的時候，實際上也就是在推銷自己的專業服務。每個人都在推銷某些東西，回到自己家中之後，家裡的每件東西，比如電爐、冰箱、沙發、電視機、床等，都是別人推銷給你的。事實上，你的所有東西，都是別人推銷給你的，否則你就只能偷了。如果你的東西都是偷來的，那你就馬上離開我的辦公室，我不想與偷東西的人交往，我只會與推銷東西的人交往。」

「沒想到推銷在商業活動中這麼重要。」我禁不住感嘆說，「沒想到如果希望致富，還需要學習推銷技巧。」

「如果你想在生活中取得成功，就需要學會怎樣進行推銷。」富爸爸補充說，「不妨仔細觀察一下周圍的現實世界，那些贏得選舉的政治人物往往就是偉大的推銷員，最成功的宗教領袖往往也是偉大的推銷員，最優秀的老師也是最出色的推銷員，而孩子更是天生的偉大推銷員。你明白我的意思了嗎？」

「我明白了，」我說，「但是，我仍然很害怕推銷。」

聽到我坦誠承認自己的弱點，富爸爸點點頭，靜靜地沈思了一會兒。最後，他說：「謝謝你的誠實，絕大多數人都怕推銷，都怕遭到拒絕。他們不願意承認自己害怕推銷；相反地，他們開始詆毀推銷這個職業，說，『我不是推銷員，我是受過教育的專業人士』。」

「你的意思是，很多人都在掩飾自己對於推銷的恐懼，」我說，「他們往往表現出一副對推銷不屑一顧的樣子。」

「是的，很多害怕推銷的人都不願意承認這一點。因此，他們輕視推銷員，輕視推銷職業。」富爸爸說，「不過，這樣做的人往往都是窮人，或者是在個人生活的某些方面表現比較差的人，他們在個人事業或愛情上常常表現不佳。很多不去推銷的人，生活大多並不如意，他們經常等到商場削價清倉的時候才去購物，過著非常節儉的生活，究其根源，還是因為他們害怕推銷。正是他們的畏懼，以及推銷技巧的欠缺，造成了他們的持續貧困。」

「但是，很多人不是都怕被拒絕嗎？」我仍然有一些疑慮。

「人們應該學習克服自己對於推銷的恐懼，而不是讓這種恐懼主宰自己的生活。」

「是的，大家當然都害怕被拒絕，」富爸爸說，「因此，成功人士都學習克服自己對於推銷的恐懼，而不是讓這種恐懼主宰自己的生活。所以，我才用自己身上僅有的一點錢，趕往檀香山參加推銷培訓。出於同樣的理由，我才會將當年給自己的建議全部告訴你，那就是去學習推銷。我想再重複一遍，那些貧困、不成功或單身人士，往往就是因為沒有好好地推銷什麼。如果大家想得到自己嚮往的東西，你首先要推銷一些東西。」

「這樣說來，如果我善於推銷，也就能夠購買任何東西，是嗎？」我接過富爸爸的話問道。

富爸爸點點頭，回答說：「推銷是你最重要的技巧。還有，你打算學習怎樣推銷？」

我的推銷教育開始了

那次談話之後，我按照富爸爸的建議，很快向ＩＢＭ公司和全錄公司求職。向這兩家公司應徵職位，並不是因為它們優渥的分紅計畫，而是因為它們良好的推銷培訓計畫。同樣地，很多直銷公司都提供了良好的推銷培訓計畫。對我來說，學習推銷，學習克服對被拒絕的恐懼，學習明確地表達自己的觀點，都是我所接受過最好的教育。可以說學習推銷改變了我的生活，改變了我的未來！

發掘自己內心中贏家的一面

推銷培訓絕非只是為了學習銷售。我剛剛在全錄公司任職時非常害羞。因此，即便我已經在公司接受了良好的培訓，內心的恐懼仍然阻礙著自己主動敲門或打電話推銷。甚至直到今天，我仍然有同樣的恐懼，區別僅僅在於，我終於獲得了自信，克服了個人恐懼，主動敲門或打電話推銷。如果我沒有學習怎樣克服個人的恐懼情緒，自己內心中輸家的一面就可能占上風。富爸爸常說：「在我們每個人的內心中，都有一個富人、一個窮人，也都有一個贏家、一個輸家。每當我們讓自己的恐懼、懷疑或者自卑占上風的時候，我們內心輸家的一面就會居於主導地位。學習推銷就是學習克服我們內心中輸家的一面，發掘自己內心中贏家的一面。」

直銷業的好處在於，它讓人們有機會直視並克服內心的恐懼，讓自己內心中贏家的一面居於主導地位。而且，在個人學習推銷的過程中，領導者往往會耐心地給予合作。相反地，在傳統的商業領域，如果你三到六個月內銷售業績不佳，往往就會立即被解僱。全錄公司還算慷慨一些，他們給了我一年時間學習銷售，一年時間參加銷售實習。如果沒有這兩年，我知道我將會被解僱。就在即將被解僱之前，我的自信心忽然大增，銷售業績大漲。兩年後，我已經成為了辦公室裡數一數二的推銷員。除了得到了一筆豐厚的獎金，更重要的是，透過這些磨練，我重新建立了自尊。重新找回的這種自尊與自信是無價的，而且，它幫助我獲得了數百萬美元。因此，我一直對全錄公司深懷感激，對進行推銷培訓，特別是進行克服內心懷疑和恐懼的培訓深懷感激。今天，我向大家鄭重推薦直銷，因為該行業提供了一個重建、增進個人自信的絕佳機會，全錄公司當年就曾經向我提供過這種機會。

推銷培訓幫助我找到了自己夢想中的女孩

冒昧地說一句，如果沒有推銷技巧，尤其是如果沒有更為重要的自信心，我就很可能不會結識夢想中的女孩，並且與她結婚。初見妻子金的時候，我覺得她是世界上最美麗的女孩子。今天，我覺得她更加美麗，因為她不僅有一個美麗的外表，還有一顆更美麗的心靈！

初次見到她的時候，我不知所措，說不出一句話來，我害怕走到她面前去。但是，推銷培訓中如何克服自己內心恐懼的知識幫助了我。我沒有坐在教室後面、將頭深深埋到課桌下面、遠遠地呆望著她不敢說一句話（以前我遇到自己心儀的女孩時常常就是這樣），而是大膽地走到她面前，打了聲招呼。顯然，我接受的推銷培訓已經有了回報。

金轉過身來，臉上露出美麗的微笑，我馬上就愛上了她。她非常友好、迷人，我們倆很快就無話不說。我們相處融洽，她正是我夢想中的女孩，然而，當我單獨約她出去的時候，她還是一口回絕了。作為一名優秀推銷員，她回絕的時候，我還是一次次地邀請她。儘管我的自信心受到了打擊，男性的自尊受到了傷害，我還是堅持邀請她。當然，她還是一次次回絕了。這種情況持續了整整六個月。如果我沒有學習如何克服內心的自卑，肯定堅持不了六個月。

我的心被刺痛了，每次她對我說「不」之後，我都要暗暗地撫慰受傷的自己。經過了六個月的回絕之後，我脆弱的自信已經大大降低，但我還是堅持邀請她。終於有一天，她答應了我。從那時到現在，我們倆就一直在一起，從來沒有分開過。

我們開始約會後，我的男性朋友總是對我說：「我不相信她會與你約會，她很精明，你卻很老實，你千萬不要被她漂亮的外表所迷惑。」靜下來的時候，我卻想起富爸爸曾經對我說過的話：「推銷是商業活動中最重要的技巧，也是生活中最重要的技巧。」在「富爸爸」系列叢書《財富執行力》的封面、封底上，大家能看到我與妻子金在斐濟群島的合影。我們騎在馬上，臉上露出開心的笑容，因為我們在那一天獲得了財務自由。在我看來，如果沒有金的幫助我肯定辦不到。她是我夢想中的女性，她讓我的生活更加完美。今年，是我們婚姻生活的第十七年。

拒絕的真正涵義

前幾天，我聽到一個商業電臺介紹：「這是一家很好的企業，根本不需要推銷。」我心裡暗暗思忖：「哪些人會被一個無須推銷的工作職位吸引，或者被一個無須推銷的企業吸引呢？」接著，我意識到，很多人可能會被這個不需要推銷的工作職位吸引，即便我們所有人其實都在推銷著什麼。深入思考之後，我認識到，絕大多數人實際上並不是反對推銷本身，而是不願意被人拒絕。我也是，我也害怕被人拒絕。既然絕大多數人不願意被人拒絕，我覺得實在有必要重新認識「拒絕」一詞的涵義。

二十多年前，我是全錄公司的一位辛苦打拚的推銷員。有一天，我去找富爸爸，向他訴說自己對於被客戶拒絕的不滿。我說：「我不僅痛恨遭到拒絕，而且整日生活在恐懼之中，總是擔心被拒絕。我發現自己正在竭盡所能，避免可能被人拒絕的各種情況發生。有時候，我甚至覺得死也比被人拒絕好。每次當我敲開一家公司的大門，祕書說：『我們已經有一台影印機了』、『我們對新影印機沒興趣，尤其是全錄公司生產的影印機』、『我們老闆不願意與推銷員見面』，或者『我們喜歡你推薦的產品，但是，我們打算購買你們競爭對手IBM公司生產的影印機』。每當聽到諸如此類拒絕的話，我就想鑽進洞裡。我對被人拒絕的一幕想得越多，就越想辭掉推銷工作，遠走高飛。結果，我越想避免被客戶拒絕，全錄公司老闆就越想要解僱我。」

拒絕＝成功

我對於被人拒絕的恐懼、我的低自尊以及缺乏自信，都有可能毀掉自己的生活。表面上看起來，我顯得非常自信，也喜歡外出聯繫業務，我給人留下的印象就像約翰・韋恩；但是實際上，我的內心更像一個膽小怕事的小丑。就在我處於人生低谷、即將被公司解僱前夕，富爸爸向我傳授了一些至理名言。全錄公司銷售經理安排我開始實習的那一天，富爸爸對我說：「世界上最成功的人，其實是被拒絕最多次的人。」

「什麼？」我簡直不敢相信自己的耳朵，吃驚地追問道，「世界上最成功的人，其實是被拒絕最多次的人？」

「是的，」富爸爸回答說，「相反地，世界上被拒絕最少次的人，其實是最不成功的人。」

「這樣說來，如果我想有一個成功的人生，就需要被拒絕更多次。」我試著說道。

「你說對了。」富爸爸微笑著頻頻點頭。

「不過，我還是不明白，請你解釋一下。」我說。

「讓我們看看美國總統吧。很可能有四十九％的選民，也就是數以千萬人投票反對他，但是，只要另外有五十一％的選民支持他，他就可以贏得大選，入主白宮。想想看，曾經有數以千萬人拒絕過你嗎？」

「當然沒有。」我說。

「好了，當你被成千上萬人拒絕的時候，你就會非常著名，就會取得很大的成功。」

「但是，他同時還有成千上萬人接納他，支持他。」我補充說。

「的確如此。」接著，富爸爸反問道，「不過，如果害怕遭到拒絕，他能夠成為美國總統嗎？」

「不，我想不會。我知道還有很多人不僅僅拒絕他，甚至還痛恨他。為此，他不得不安排很多保安人員，因為有人甚至想殺掉他。我想，自己可能承受不了那麼大的壓力。」

「這也許正是你沒有像自己嚮往的那麼成功，或者沒有充分發揮自己潛力的原因。事實上，沒有人願意被拒絕。但是，現實生活中的教訓是，一味迴避拒絕的人是當今世界上最不成功的人。這並不意味著他們人不好，而是他們沒有像遭到很多拒絕的人那樣成功。」富爸爸解釋說。

「這樣看來，如果我想在生活中取得成功，就需要承擔遭到越來越多拒絕的風險，對嗎？」我問。

「對。」富爸爸肯定地說，「看看羅馬教皇，他是一位偉大的人，一位偉大的宗教領袖，但是，他也是被拒絕最多次的人。數以億計的人不喜歡他所說的話，或者不喜歡他所代表的信仰。」

「這也就是說，不要像一個懦夫那樣行事，不要讓我們的銷售經理解僱我。我應該主動出擊，開始尋找拒絕自己的人。」我似有所悟，輕輕地說。

「是的，如果你還沒開始被人拒絕，你將來一定會被公司解僱。」富爸爸笑著說，「不過，還要注意，不能傻傻地來到社會上，對自己的職業不知所措。大家需要承擔被人拒絕的風險，還必須從這些被人拒絕的事件中汲取教訓，不斷改正、提升自己。」

「也就是說，先遭到拒絕，然後改正自己的行為。」我插了一句。

富爸爸點點頭，接著將自己當年花了兩百美元在檀香山參加推銷培訓課程時學到的公式寫了下來：

拒絕與改正＝教育與促進

「多年來，我一直按照這個公式行事。每次被別人拒絕時，我總是問自己，『我在什麼地方做錯了？我怎樣才能做得更好？』如果我自己找不到一個很好的答案，我就會打電話向拒絕我的客戶請教，回顧發生的問題。也許還會找朋友進行角色扮演、重複當時的情形，而在這場角色扮演中，朋友們往往扮演買家，而我總是扮演賣家。需要注意的一點是，我從來不打電話給拒絕我並罵我為『蠢材』、『乞丐』、『賤人』或『賠錢貨』的人。因為這類電話毫無意義；相反地，我對那些給了我學習、改正、提升自己機會的人充滿感激。我常常問自己，『下一次，我怎樣才能把握不同情況，做得更好一些呢？』」

「而且，這些活動將會直接為自己的生活帶來教育和進步。」我補充說。

「在我看來，這是在人生中各方面取得成功的基本原理。」富爸爸說。

「不過，如果我迴避拒絕，這個過程就不會開始，是嗎？或者，能不能說拒絕正是教育的開始呢？」我問。

富爸爸點點頭，他微微一笑，說道：「你說得對。從長遠來看，那些在生活中迴避拒絕的人，成功的機會往往比直面拒絕的人更少一些。很多人的人生不太成功，就是因為他們被人拒絕得不夠多。」

「我被越多人拒絕，被接受、支持的機會就越多。」

「我明白了。」我笑著對富爸爸說。幾天後，我自願在一家慈善募捐機構工作，撥打募捐電話。顯然，我從事這項工作並不是為了賺錢，而是有一個更有意義的理由，那就是想被人拒絕更多次。直到這個時候，我才意識到自己在全錄公司工作期間，每天遭到的拒絕有點太少了。透過晚上義務撥打募捐電話，我被人拒絕的次數快速地增加。我心裡明白，被越多人拒絕，也就越能好好地改正自己的弱點；越是能好好地改正自己的弱點，也就能受到更好的教育；越是受到更好的教育，也就能取得更大的成功。因此，整整一年，我在全錄公司工作之餘，每週還會在那家慈善機構的辦公室工作三個晚上，撥打募捐電話。就在那一年中，我從一位即將被全錄公司解僱的推銷員，逐漸成長進步，直到兩三年後，我成為了公司數一數二的推銷員。一當我在全錄公司的銷售領域取得了成功，我就辭掉了這份工作，轉而全身心投入到此前一直利用業餘時間準備的魔鬼氈錢包公司，開始了步入B象限的歷程。我的切身體會是：被越多人拒絕，被接受、支持的機會就越多。

九十八%的拒絕率

在繼續討論「拒絕」這個話題之前，我認為最好能給大家一些實例。我在商學院短暫學習的期間，曾經有一位教授說過：「為了在商界取得成功，你至少要在五十一%的時間內把事情做對。」然而，在我看來，這樣講並不十分準確。實際上，即使一個人平時的成功率很低，也有可能取得極大的成功。

比如說，在發廣告郵件的企業中，如果一家公司寄出一百萬份信函，其中二%的信函有了回應，往往就會被認為非常成功。而這意味著，其中九十八%的收件人說了「不」，也就是說，在這種企業中，即便九十八%的信函被拒絕，也算得上非常成功。事實上，在很多大眾市場推廣活動中，九十八%的拒絕率被認為是相當出色的結果。

上述事實給我們的啟示是，如果想在現實生活中取得更大的成功，就要直接尋求更多被人拒絕的機會，然後不斷改正自己。直銷企業的好處在於，領導者往往鼓勵大家出去尋找一些被拒絕的可能，這其實也就是機會。如果你真想在生活中取得更大成功，那就加入一家直銷公司，學習克服自己對被人拒絕的恐懼。如果你花五年時間這麼做，我敢肯定你將來會更加成功，至少對我自己來說是這樣的。實際上，我一直在尋求被拒絕機會。因此，我學習去做一名公眾演說家，帶著自己的產品參與電視節目。全世界目前有數百萬人拒絕了我，而這也正是我越來越富有的原因。

教育與推銷

與全錄公司相比，直銷業的挑戰更大。在全錄公司的時候，我所要做的全部工作，就是去學習推銷。而在直銷領域，不僅要學習推銷，還要教育別人推銷。如果你自己能夠推銷，但是卻不能教會別人推銷，那麼你在直銷領域就很難取得成功。這就意味著，如果想在直銷領域取得成功，非常重要的一點就是要成為一名優秀的老師。如果你熱愛教育，就可以在直銷領域做得非常成功。

我個人認為，教育與其說是推銷，還不如說是一種回報。在我看來，直銷業的優勢在於，該行業可以將你訓練成為一名好老師，而不僅僅是一名推銷員。如果你喜歡學習，喜歡教育別人，那麼直銷業對你來說再合適不過了。

銷售經理不是在推銷產品，而是在教育別人

在各類直銷企業中進行市場調查的時候，我遇到了很多努力工作、擅長推銷，卻在自己的企業中不太成功的人。究其根源，可能就在於他們向那些不能、不去推銷的人推銷。比如，一個新直銷公司的老闆邀請了一些家人、朋友來學習直銷，我也趕來參加。坐在屋裡聆聽講解的時候，我忽然發現那位新老闆根本沒有講話，基本上都是由他的「上線」來做講解。

會後，我問這位新老闆，他的上線是否教了他一些推銷的具體細節。他回答說：「不，我的上線只要求我將家人、朋友帶進這個會場。他是唯一一位專門做推銷的人，因為他是最優秀的推銷員。」

由此，我就知道這家直銷公司的教育培訓體系存在著嚴重的問題。首先，這種培訓流於形式，成了一句空話。公司開列了閱讀書目，卻沒有人真正讀過其中任何一

本。其次，他們讓大家開辦自己的直銷企業，只是為了讓大家帶來更多朋友和家人，以便向後者推銷。實際上，這並不是一個商學院，而是一個銷售學校。

我在全錄公司任職期間，公司的銷售經理查理·魯賓遜是我遇到過最好的老師之一。我與客戶約定了會談時間後，查理·魯賓遜經理會陪我前往。整個會談期間，他很少說話。會談結束後，我們就一起回到他的辦公室，分析我在會談時的表現。

接著，我們一起分析我在會談中的得失。經過了這樣一番教育和改正後，查理·魯賓遜經理又對我進行了一些推銷培訓，加強我的推銷技巧，尤其是克服被人拒絕的技巧。這便是我成為一名推銷員的經過。可以說，我之所以會成為一名出色的推銷員，就是因為我有一位偉大的老師。儘管查理·魯賓遜本人也是一位偉大的推銷員，但是，一旦成為銷售經理，他就必須成為一位老師，而他後來的確也成了一位偉大的老師。因此，在我們共同參與的許多推銷會談中，他總是靜靜地坐在一邊，偶爾向我示範應該怎麼做，不過，在絕大多數場合，他都保持沈默。總而言之，要想在直銷領域取得成功，就必須像查理·魯賓遜經理那樣，要先做一名偉大的推銷員和老師。一旦學會了這樣做，夢想中的企業才會變成現實。

推銷員

我與摯友布萊爾．辛格已經相識二十多年了，他是我們的「富爸爸」顧問之一，也是《富爸爸銷售狗》一書的作者，多年來我們一直在銷售該書。我們兩人當年都從夏威夷州的初級銷售代表做起，我加入了全錄公司，他則加入伯羅斯公司，該公司是現在著名的優利系統公司（Unisys，美國大型電腦廠商之一）的前身。我們都經過了公司的推銷培訓，發現很多直銷企業的創辦者都學過推銷，後來卻失敗了，這是因為他們未能成為出色的銷售經理。在美國企業界，銷售經理不應該只是推銷員，而且應該是優秀的老師。在《富爸爸銷售狗》一書中，布萊爾．辛格探討了銷售領域中各類推銷員的區別，以及他們所需要的不同培訓。布萊爾．辛格說：「推銷培訓在直銷企業中地位如此重要，就是因為你不僅要學習如何推銷，還要學習如何幫助別人推銷。如果不能教會別人推銷，你就不能在直銷中取得成功。」

信用卡債務

今天，這麼多人陷入信用卡債務的其中一個原因，就是他們不懂推銷。人們用信用卡購物時，他們實際上是在預支自己的未來，預支自己未來的勞動。在大多數情況下，人們使用信用卡消費，其實就是為了在「今天」購買某件東西，而預支了他們的「明天」。很多人之所以陷於信用卡債務危機中，就是因為他們長期以來接受的教育是要成為一名大買家，而不是成為一名大賣家。

不要去預支自己的「明天」，相反地，我鼓勵大家投身直銷業中，學習如何進行推銷。如果大家學會了怎樣進行推銷，而且創建了一家成功的直銷企業，就可以用信用卡購買自己想要的東西，然後在每個月底付清帳單。在我看來，這比預支自己的「明天」更有意義。其實，大家都明白，提早預支「明天」注定不會有什麼美好的未來。

小結

總而言之，對於每個人來說，推銷能力都是一種非常重要的生活技巧。實際上，我認為家裡的小貓也精於推銷，甚至遠遠勝過了常人。每天早晨，如果牠飢餓時我沒餵牠，小貓一定會及時讓我知道牠想要什麼。可惜，人類卻沒有接受訓練去那樣做。透過傳授推銷技巧，以及傳授如何教育別人推銷的技巧，直銷企業也許可以讓人們恢復在生活中獲取自己所需東西的本能。

下一個價值

下一章，我們將要介紹直銷企業如何開發大家的領導技巧。富爸爸曾經指出：

「在B象限，領導技巧是不可或缺的。」

8

核心價值六——

培養個人的領導技巧

富爸爸和窮爸爸都是卓越的領導者。窮爸爸是夏威夷州的教育部長，他是一位出色的演說家，畢生致力於提升夏威夷州教育質量的工作。富爸爸也是一位卓越的領導者，他激勵員工和投資者幫助自己建立了龐大的商業王國。我從越南戰場回國後，富爸爸提醒我注意培養自己的領導技巧。他說：「領導者常常從事大家不敢去做的工作。」這也許正是B象限的企業領導者少之又少的原因。在本章中，我們將要討論在直銷企業中，培養人們領導技巧的意義。

富爸爸鼓勵我加入海軍陸戰隊，繼而前往越南參戰的原因之一，就是想培養我的領導技巧。在越南期間，我發現偉大的領導者往往從不訓斥或體罰下屬。在戰鬥白熱化階段，我發現偉大的領導者往往都非常平靜、勇敢，他們講的話也往往能夠深入我們的靈魂。直銷企業的重要價值之一，就是幫助領導者掌握那種高超的領導技巧。

領導技巧不可或缺

富爸爸還說：「在現金流象限中，每個象限都有領導者。但是，除了B象限之外，你在其他三個象限想取得成功，都不必成為領導者。在B象限，領導技巧是不可或缺的。」接著，富爸爸又指出：「資金並不一定會流向擁有最好產品或服務的企業，卻總是會流向擁有最出色領導者和管理團隊的企業。」

如果大家觀察現金流象限，就會發現每個象限都有領導者。比方說，窮爸爸是E象限充滿活力的領導者，富爸爸則是B象限和I象限的領導者。從很小的時候起，窮爸爸和富爸爸都反覆強調培養發展我的領導技巧的重要性。因此，他們都鼓勵我參加童子軍，參加體育活動，到軍隊服役。回顧自己在職業生涯和財務方面取得的成功，我認為為我帶來最多助益的訓練，並不是當年在學校裡接受的教育，而是在童子軍、體育活動以及在軍隊服役期間接受的訓練。

一九七四年，我終於離開了美國海軍陸戰隊，邁入了商界。我曾經多次問自己：「自己的領導技巧是否已經相當好了？」了解我離開軍隊以後情況的人可能也已經知道，我早年在童子軍、體育活動以及軍隊中所接受的領導技巧訓練，遠遠無法滿足我應對B象限挑戰的需要。我還要進一步學習很多東西。

當年在軍隊接受的領導技巧訓練之所以不足，原因非常簡單：軍隊與商界的規則、背景和環境都非常不同。在準備作戰的時候，我們明白如果自己是一個糟糕的領導者，就會造成很多戰友傷亡；而在商業領域，如果你是一位糟糕的領導者，就有可能受到控告，或者被一些人以及他們所代表的團體投訴。在軍隊中，激勵我們做好領導工作的動力，來自於對死亡的恐懼、團隊的價值，以及所擔負使命的重要性；而在社會中，我們常常看到與此完全相反的動機。在商業領域，正是安穩而非自由、金錢而非使命、個人而非團隊、管理而非領導在激勵著人們行動。正是由於上述價值觀的不同，我在初涉商界時經歷了一段痛苦的時期，時至今日，甚至還要為兩種價值觀的不同所困擾。

我知道，一名新雇員剛剛來到公司時，經理就會向他介紹公司的使命、團隊精神的重要性以及各種崇高理想。但是，今天在很多企業中，我發現金錢、福利和工作安穩才是維持公司運作的手段。考察各類直銷公司的時候，我發現很多領導者，當然也不是全部領導者，他們擁有與軍隊領導者相似的核心價值觀，他們強調使命、團隊精神和自由的重要性。我在直銷企業遇到的很多領導者，無論年齡大小，都充滿了活力和朝氣，與很多以領導者自居的傳統管理者大不相同。

管理者並不等於領導者

在我看來，直銷企業最重要的價值之一，就是讓你接受領導技巧訓練。這種訓練給你知識、時間和機會去發展自己最重要的商業技巧——領導技巧，而領導技巧正是在B象限取得成功的關鍵。領導技巧與E象限和S象限所需的管理技巧相去甚遠。當然，管理技巧也是非常重要的技巧，但是我們必須懂得管理技巧與領導技巧的區別。正如富爸爸所說：「管理者沒必要做領導者，同樣，領導者也沒必要做管理者。」

我常常發現，E象限或S象限的人很難轉入B象限，往往是因為其自身雖然有良好的專業技巧或管理技巧，但卻缺乏領導才能。比如，有一位朋友的朋友前來找我，他打算籌集一筆資金，開辦個人餐館。他是一個非常聰明、接受過良好訓練的廚師，並且有多年從業經驗。他為自己未來的餐館制訂了獨特的經營理念、詳盡的商業規劃和宏大的財務規劃，他還早早就看中了一個很好的地點。如果他能夠籌集到五十萬美元的資金，創辦自己的新餐館，過去的老客戶也將會跟隨而來。

從他開始撰寫這個商業規劃至今已經五年了，但是，他希望能贊助他的每一個人（包括我在內）最終都拒絕了他。現在，他仍然在原來那家餐館打工，仍然是一位優秀的廚師，仍然在尋求五十萬美元的資金。我不明白其他投資者為什麼不投資他，但是，我現在可以向大家坦言自己為什麼不投資他，下面就是一些主要理由。

理由一：雖然他很有經驗，也很有吸引力，但是他缺乏激發大家信心的領導技巧。雖然他可以開辦一家餐館，並且成功地運營，但是，我仍然懷疑他能否讓它成為一家大型連鎖餐館。他曾經說：「我一定會成功，但是，我們將長期保持較小的規模。」也就是說，他具有很強的管理技巧，但是我懷疑他是否具有完成計畫的領導技巧。我相信他能夠管理十家餐館，卻很懷疑他是否具有連鎖企業的領導技巧。他需要一位具有領導技巧和商業技巧的商業合作夥伴，然而，作為從E象限轉入S象限的典型代表，他不需要任何合作夥伴，他想獨自實現自己的夢想。

理由二：我們劃分現金流象限的時候，S象限與B象限的主要區別在於規模。比方說，如果大家聽到有人說「我想在第六大街與瓦因大街的轉角處開一家漢堡店」，你大概就明白，此人很可能要在S象限待相當長的一段時間。現在，如果大家聽到有人說「我想在全世界大城市的主要街道開辦一家漢堡店，而且，我要將這家企業叫做『麥當勞』」，你馬上就能明白，這個人同樣打算開漢堡店，但是，他是想建立一個屬於B象限的龐大企業。也就是說，同樣都是開漢堡店，創辦者卻屬於不同象限。對此，富爸爸可能會說：「街頭開店數量的區別，正是領導者的區別。」

因此，我沒有投資這位優秀的廚師，因為我懷疑將來能否收回自己的投資。並不是說餐館會倒閉，而是擔心他可能永遠保持小規模經營，儘管這樣也可能已經算成功了。另外，如果他真能還本，也可能需要相當長的時間。如果你問很多投資專家，他們感興趣的肯定往往不是一家餐館有多麼好，而是連鎖餐館規模究竟會發展到多麼大。

理由三：如果他繼續保持小規模經營，那我何必投資他呢？如果他打算不斷發展壯大自己的企業，可能將我最初的五十萬美元投資變為數千萬美元，我會非常高興。而由於缺乏讓餐館發展壯大的領導技巧，他連能否將我的五十萬美元投資變為數百萬美元都是個問題，這也是缺乏將企業從S象限轉入B象限的領導技巧所付出的代價。正如富爸爸所說，「資金並不會流向擁有最好產品或服務的企業，而是會流向擁有最出色領導者和管理團隊的企業。」

理由四：他是原來團隊中最能幹的成員，有些過於自負。正如富爸爸常常指出的，「如果你是團隊的領導者，又是其中最聰明的人，那麼，你們團隊肯定會遇到很多麻煩。」富爸爸的意思是，在很多S象限的企業中，領導者往往就是企業中最聰明的人。

在一個屬於B象限的企業中，領導技巧非常重要，因為B象限的人需要與那些比自己更聰明、能幹、經驗豐富的人打交道。比如，我就看到沒有受過任何正規教育的富爸爸，為了完成自己的工作，整日與銀行家、律師、會計師以及投資顧問等專業人士來往，這些專業人士往往擁有碩士學位，有些甚至擁有博士學位。也就是說，為了完成自己的工作，富爸爸必須領導和指揮那些受過良好教育、來自不同專業領域的人們。為了幫自己的企業籌集資金，他常常還必須與那些比自己更富有的人接觸。

A咖學生為C咖學生打工

在大多數情況下，S象限的人往往只與自己的客戶、同行（例如其他醫生或者律師）來往，當然，有時候也與自己的下屬來往。為了從S象限轉入B象限，專業技巧方面其實沒什麼要求，領導技巧方面卻需要一個突飛猛進的轉變。也就是說，如果你擁有卓越的領導技巧，就可以聘請企業發展所需要的專業人士，比如律師、會計師、CEO、總經理、副總經理、工程師和管理者等。正如我在前面幾本書中所說的，考試成績是「A」的學生為考試成績是「C」的學生打工，而那些考試成績是「B」的學生往往在政府部門工作。如果你當年是一位考試成績為「C」的學生，也不必過於灰心喪氣，「C」代表「溝通者」、「交流者」，如果你擁有出色的領導技巧，就可以聘請那些擁有非凡專業才能、考試成績為「A」的學生來為自己工作。

領導技巧不可或缺

某天，前面提到的那位朋友的朋友打電話給我，問我拒絕投資他的原因。我大概講了上面四個理由，很顯然，他受到了不小的打擊。接著，他爭辯說：「但是，我接受過世界上最好的訓練。世界各地的廚師都夢想著有朝一日能夠上我曾經就讀的烹飪學院，我不僅有多年的廚房餐飲經驗，而且還有多年的管理經驗。你怎麼能說我缺乏領導技巧呢？」

> 「在一個快速發展的企業中非常需要領導技巧。」

我耐心地向他解釋，坦白地承認自己在資金、信心、領導能力和團隊精神上的顧慮，他開始理解了我的想法。不過，我覺得他仍然沒有完全明白。後來，他問道：「我接受過這麼好的教育，擁有這麼多年的豐富經驗，為什麼說我還需要領導技巧呢？」

我建議他加入一家提供商業教育和領導才能教育的直銷公司，他非常生氣，向我嚷道：「我現在處在餐飲行業，根本不需要任何商業教育和領導才能教育。」這個時候，我明白對他來說，終身商業教育和持續不斷的領導才能教育都是可有可無的。相反地，對於富爸爸來說，在一個快速發展的企業中非常需要領導技巧。富爸爸認為，對B象限來說，領導技巧是不可或缺的。

世界上最好的訓練

正如我在本書開頭所說的，我發現直銷企業最重要的價值之一，就是它們提供足以改變人生的商業教育。此外，我還從這些直銷企業中找到了世界上最優秀的商業計畫和領導才能培養計畫。在我看來，這些計畫對於那些想從E象限和S象限轉入B象限的人來說，都無比珍貴。

自從我拋開了對直銷業的偏見、展開研究以來，我已經結識了很多成功的企業家，他們都曾經在直銷企業中接受了自己的商業教育。前幾天，我遇到一個小夥子，他從自己的電腦企業中賺到了數億美元。他對我說：「我曾經擔任電腦工程師多年，有一天，朋友帶我參加一個會議，我簽約參加了他的直銷。有整整六年的時間，我所做的就是參加會議、出席活動、讀書和聽錄音帶。從那時到現在，我的壁櫥已經放滿了數百片錄音帶、一大堆書籍。最後，我不僅在直銷業中獲得了成功，而且運用自己從中學到的東西，等到直銷為自己帶來了足夠的收入後，我就辭掉過去的電腦工程師工作，創辦了自己的電腦公司。三年前，我讓電腦公司成功上市，獲得了超過四千八百萬美元的稅後淨收入。現在回想起來，如果當初沒有接受直銷公司的培訓，我肯定做不到這些。那些培訓是世界上最好的商業培訓和領導才能培訓。」

領導者與你的靈魂對話

在研究的過程中，我參加過很多直銷會議和大型活動。我有幸聽到了最優秀的直銷企業領導者的演講，這些演講都激勵人們發現自己心中的偉大之處。我傾聽他們回顧自己的創業之路，他們白手起家，最後的富有程度卻超出了個人最大膽的想像，我意識到，正如富爸爸對我的諄諄教誨一樣，直銷企業本身也是個大學校，一個培養、教育新領導者的大學校。他們似乎經常談論金錢，但其實他們是在激勵人們突破自己固有的思維，變得無所畏懼，實現自己的夢想。正是由於這些夢想，人生才變得更有意義。要做到這一點，就需要演講者良好的領導技巧，很多人都能說出諸如「夢想」、「用更多時間陪伴家人」、「自由」等這樣的話語，但是真正能夠使聽眾受到激勵和鼓舞，並去相信和追隨並不容易。

泯滅你的精神

在本書的前半部分討論直銷具有改變人生的價值時，我們曾經介紹過下一頁的圖。我們認為，教育的力量不能只限於影響個人的思想。實際上，改變人生的教育會

情感與情感之間的交流

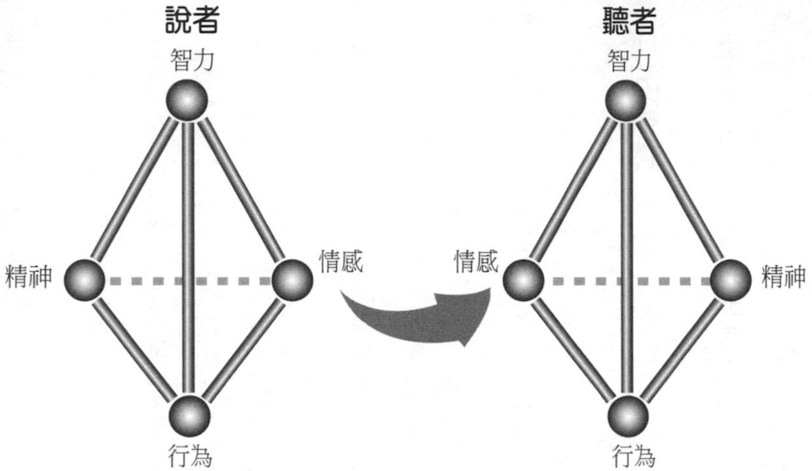

影響人們的智力、情感、精神和行為四個方面。上列圖表就反映了人們運用情感的力量，激勵別人落實某項行為。

記得在學校時，校方運用很多手段讓我們在情感方面擔心受怕，藉此要求我們努力學習，爭取好成績。長大後，我發現很多人也會運用各種情感方法，激勵你去做他們想讓你做的事情。

下面這些話，就是某些人交談時使用情感做為手段的例子：

1. 「如果你在學校沒有取得好成績，將來就不可能找到一份好工作。」
2. 「如果你不能準時上班，就會被解僱。」
3. 「如果你在選舉中投票給我，我保

證不會讓你喪失自己的社會保險福利。」

4.「謹慎行事，別冒不必要的風險。」

5.「請你加入我們公司，這樣你就能賺到很多錢。」

6.「讓我教你怎樣才能迅速致富。」

7.「按照我的吩咐去做。」

8.「正如你所知道的，公司正處在比較困難的階段。如果你不想被解僱，最好不要申請加薪。」

9.「你不會辭職，因為沒人能像我一樣支付你那麼高的薪水！」

10.「你只準備了八年退休金，千萬不要有任何閃失。」

在我看來，現在很多交流都是利用大家的恐懼或貪欲的情感，鼓動人們從事某項工作。當恐懼或貪欲成為激勵人們的主導因素時，就有可能泯滅我們的精神。

真正的領導者都在設法激發人們的精神

我在越南的期間，遇到過很多情感上的交流。不過，我們當時的一些領導者之所以偉大，主要是因為他們講的話能夠針對我們的精神。可以說，他們的演講直指我

精神與精神之間的交流

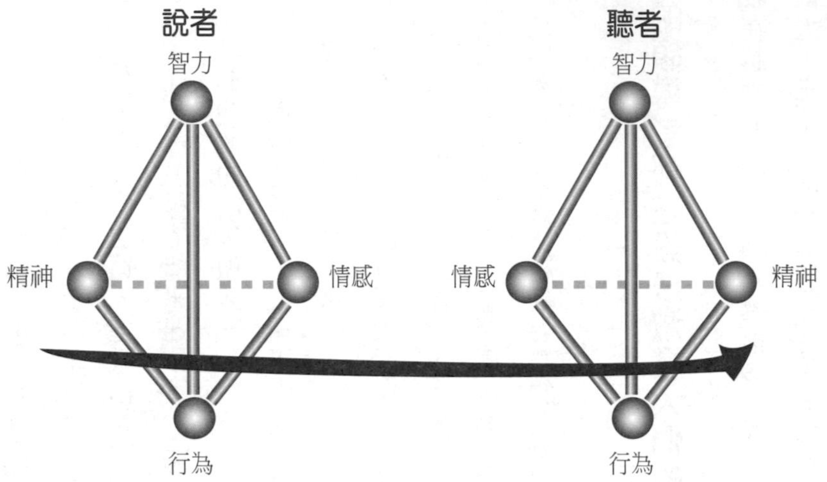

們的靈魂，讓我們戰勝了對死亡的恐懼，讓我們變得剛強。下面是一些偉大的領導者曾經講過的話，這些話鼓舞我們的精神，正如上列圖表所展示的那樣，讓我們克服了懷疑、恐懼。大家或許還記得其中一些曾經感動過我們心靈的至理名言，因為它們已經深深地留在了人類的歷史上。

1.「決定美國人自由或者被奴役的時刻已經來臨。」——喬治·華盛頓

2.「不自由，毋寧死。」——派屈克·亨利

3.「記住阿拉莫戰役。」——德克薩斯戰鬥口號

4.「當他們變成我的朋友時，難道我不是在消滅我的敵人嗎？」——林肯

5.「貶低別人同時也貶低了自己。」——華盛頓

6.「不要問你的國家能夠為你做些什麼……」——甘迺迪

7.「我有一個夢想……」——金恩博士

8.「取得勝利是一種習慣。不幸的是，失敗也是一種習慣。」——文斯．隆巴迪

9.「唯有對自由的堅定信念才能讓我們永遠自由。」——艾森豪

10.「懦弱的人從來不會成為道德高尚的人。」——甘地

11.「千萬不要自卑，當然你也沒有多麼偉大。」——梅爾夫人

12.「實力強大就像做一名淑女。如果你不得不告訴別人自己是一名淑女，那麼，你實際上就不是這樣。」——柴契爾夫人

13.「不要讓自己不能做的事情干擾了自己能做的事情。」——約翰．伍登

14.「最好的朋友就是引導出我最大優點的人。」——亨利．福特

15.「不要想去做一位成功的人，而要努力去做一位有價值的人。」——愛因斯坦

小結：三種不同的領導者

直銷企業具備領導能力培訓計畫，其優勢在於，它能夠培養不同類型的領導者。軍隊培養那種激發人們保衛自己國家的領導者，商業領域培養那種建立團隊、戰勝對手的領導者。在直銷領域，則是培養影響其他人的領導者，透過做一名偉大的老師，教育別人追求他們的人生夢想，進而實現自己的人生夢想。很多直銷領域的領導者不是去擊敗敵人或者競爭對手，而是鼓勵、引導別人尋找世界賦予自己的財務寶藏，而且不會傷害他人。

總而言之，上述三種領導類型都是直接對人類精神喊話，但是不同的領導類型培養不同的領導者。如果你喜歡透過教育、影響、鼓勵別人尋找各自的財務寶藏來領導，而不是透過讓別人擊敗對手來領導，那麼，直銷企業也許非常適合你。

下一個價值

下一章，我們將要討論金錢和財富的不同價值。不幸的是，絕大多數人都被訓練要為了金錢而工作，而不是為了創造個人財富而工作。很多人在直銷領域之所以沒有取得成功，其中非常重要的原因，就是他們當初投身這個領域不是為了尋求建立個人財富的機會，而是為了尋求金錢。正如富爸爸所言：「富人不是為了金錢而工作，窮人和中產階級卻恰恰相反。」

9

核心價值七——

不為金錢工作

二〇〇二年，在一次電臺談話節目中，一位聽眾與我展開了這樣一場對話。

「我是一位電子工程師，任職於矽谷的一家大型電腦公司。如您所知，高科技行業近年來遭到了重創，尤其是在加州。我雖然沒有被解僱，但是公司已經正式要求我減少工作時間，同時降低薪水。您知道加州的房地產有多麼昂貴，我每月的房貸與我經過削減的薪資數字大致相當。如果將來再次遇到減薪，我很擔心失去自己的房子。更要命的是，我的退休金計畫完全失敗。我應該怎麼辦呢？」

「你曾經想賣掉自己的房子嗎？」我反問道。

「是的。」那位聽眾回答說，「問題是，房價已經大跌，房子現在的價值比尚未付清的房貸還低。如果我現在賣房子，甚至還要再付給買家一筆錢。我現在沒有別的地方可以住，另外租房子也不划算，房租依然昂貴，與我現在每月償還的房貸差不多。」

「您妻子從事什麼工作呢？」我接著問道。

「她在一家幼兒園工作。幼兒園也面臨著不少麻煩，因為很多家庭已經搬離了這個地區。當然，她的工作還算穩定，只是薪水很低。」

「她為什麼不去找一份薪水更高的工作呢？」我繼續問道。

「她也想過要去找一份薪水高一些的工作，但是，這家幼兒園提供的福利之一，就是我們的兩個孩子可以免費入學。如果孩子上幼兒園需要付費，這筆費用幾乎相當於她在另一家公司的薪水。」

「你曾經考慮過業餘開辦一間家庭企業嗎？」我又問。

「我告訴你吧，我們現在已經沒有其他任何資金。沒有資金，我怎麼去開辦一家企業呢？」那位聽眾反問道。

「你和妻子有沒有想過在家開辦一家直銷企業呢？開辦這樣一家企業無須多少資金，而且還可以得到培訓。」我說。

「噢，我們也曾經考慮過直銷業。可是，他們不能付給我任何錢，他們希望我在賺錢之前，先工作兩三年。問題是，我們現在急需要錢，根本等不到兩三年後。」他顯然對我的提議不太感興趣。

電臺主持人打斷我們的談話，節目結束的時間到了，我和那位聽眾再也沒有機會完成對話了。

我在這裡提及那次電臺談話節目的原因，就是這類談話實際上反映了我們不同的核心價值觀。顯然，這位聽眾需要錢，這一點我能夠理解。大家可能也知道，我和妻子金曾經一貧如洗，甚至有好幾個禮拜無家可歸，所以我懂得沒錢的滋味。

然而，我和妻子金能夠在不到十年內實現財務自由，原因就是我們懂得金錢和財富的區別。如果大家想進一步了解我和妻子金是如何從一無所有到實現了財務自由，不妨參閱「富爸爸」系列叢書《財富執行力》。另外，「富爸爸」系列叢書《富爸爸，有錢有理》開始就講述了我們在一九八五年無家可歸的窘境，那是我們生活最為艱難的一段時光。我再次提及這兩本書，只是給那些可能質疑我是否體驗過一無所有、生活困窘的滋味的讀者朋友一個回應。在上述兩本書中，我回顧了我們擺脫財務困境的過程。可以說，正是因為深深懂得一無所有的滋味，我們才努力追求富足的生活，實現了財務自由。在我看來，沒有足夠金錢的日子，實在是一種糟糕透頂的生活，而且，對於我們自身的傷害絕不僅僅限於財務方面，沒錢的日子考驗著我們的婚姻、自信和自尊。

三種生活方式

參加那次電臺訪談節目後很長一段時間，當時的那種感受一直困擾著我。我在前面章節中已經介紹過了，人與人之間的對話可以是精神與精神之間的，也可以是情感與情感之間的。顯然，上次電臺節目中，那位聽眾與我的對話完全被一種恐懼情感所左右。我能感受到他內心深處的恐懼，而那種恐懼又反過來影響著我。我非常了解那種恐懼。

本章討論的價值是關於感受的，我和妻子金都認為，在涉及金錢的時候，存在三種感受，與之對應的是三種不同的生活方式。它們分別是：

1. 恐懼的感受。當我和妻子金無家可歸、身無分文的時候，恐懼感左右了我們，這種恐懼感是那樣強烈，以至於我們的整個軀體都完全痲木了。那次電臺訪談節目結束後，我也有這種感受。其實，這種感受我早在童年時代就體會到了，我父母在他們婚姻生活的大部分時間裡都很貧窮，常常手頭沒有錢。可以說，缺錢的感受籠罩了我大部分的童年時代。

2. 憤怒與挫折的感受。第二種生活方式就是從起床到工作，都充滿了憤怒與挫折的感受，尤其當你更願意去做其他事情的時候。一個生活在這種感受中的人，可能擁有很好的工作、豐厚的薪水，但是卻不得不整日勞碌、奔忙，這也是他們產生挫折感的根源。他們明白，如果自己停止工作，就根本無法維持正常生活。這些人可能會說：「我無法停止工作，如果我停止工作，銀行就會來拿走我的所有東西。」他們的口頭禪是，「我不得不繼續工作，直到下一個假期到來」，或者「幸好，我離退休只有不到十年時間了」。

3. **快樂、安寧和愜意的生活感受**。第三種生活方式就是，生活在一種平和的心態中，懂得無論自己是否繼續工作，都會持續不斷地得到一大筆豐厚的收入。一九九四年，我和妻子金賣掉了自己的企業，提早退休，從那時到現在，我們就一直過著快樂、安寧和愜意的生活。我們實現了財務自由、安然退休的時候，我四十七歲，妻子金三十七歲。對我來說，這是一種感受，是一種值得努力爭取的生活方式。雖然我們現在還做一些工作，但是，那絕對不是被迫去工作。相反地，我們隨時都可以停止工作，而且，只要我們健在，就會有一筆豐厚的穩定收入。這種感覺實在棒極了！

金錢與財富的不同

在前面提及的那次電臺訪談節目中，我想對那位聽眾說，如果他仍然為了金錢去工作，那種煩惱就永遠不會結束。我建議他與妻子業餘開辦一家直銷企業，這也許是他能夠獲取財富，而不是爭取更高薪水的工作的絕佳機會。聽到他辯解說：「噢，我們也曾經考慮過直銷業。可是，他們不能付給我任何錢，他們希望我在賺錢之前，先工作兩三年。問題是，我們現在就急需要錢，根本等不到兩三年後。」我心裡明白，為了改善生活質量，他實在需要改變自己的價值觀。也就是說，我堅信在直銷企業中，他和妻子最終將會獲得更多的金錢，找到一種全新的生活。而如果不改變自己的核心價值觀，他們將來的日子可能依然充滿了憤怒和挫折感，因為他們選擇的是為了金錢工作，而不是為了財富工作。

財富的涵義

在「富爸爸」系列叢書的前面幾本中，以及其他「富爸爸」系列產品中，我曾經講過，衡量財富的標準並不是金錢，而是時間。我們的財富定義是：

財富是停止工作後，還能夠維持生活的時間。

我認為，衡量個人財富的標準是時間。比如，如果我名下的存款有一千美元，每天的各項生活開支是一百美元，那麼，我的個人財富就是十天；如果我每天的各項生活開支是五十美元，那麼，我的個人財富就是二十天。當然，上述例子是對財富極其簡化的解釋，我們只是想說，衡量財富的標準並不是金錢，而是時間。從某種意義上講，健康與財富有相通之處。我們都聽說過醫生對病人說：「你的生命只能維持六個月了！」其實，醫生就是以存活時間為標準來評估病人的健康狀況的。我聽到某人介紹自己糟糕的財務狀況時，說「兩個月以來，我一直靠舉債維持生活」，也就是說，他實際上是靠借錢、借未來的時間生活的。

據說，普通的美國家庭至少需要擁有三份薪水才能遠離財務危機。如果平均每份薪水能夠維持兩週，也就是十四天，這意味著普通美國家庭擁有的財富是四十二天。此後，他們的生活水準就被迫大大降低。這就是為了金錢工作，而不是為了財富而工作所面臨的問題。

在繼續下面的話題之前，大家也許想問一下自己：「如果我（假如已婚，那就是你與配偶）現在停止工作，我（我們）的經濟能夠維持多長時間？」問題的答案就是你現在擁有的財富。如果現在停止工作，個人財富反而大大增加，那對你來說絕對是個好消息。

直銷企業教大家為了財富而工作

我在研究各類直銷公司期間，感到演講者必須解釋的一個最難的價值觀，就是

「為了金錢工作」與「為了財富工作」兩者之間的區別。在我參加的一次直銷會議上，一位客人舉手問道：「我將來可以賺到多少錢呢？」可惜，會議主持人並沒有詳細解釋創建一家企業與從事一份穩定工作的區別，特別是為了金錢工作與為了財富工作的區別。我猜想，當時在場的多數人對於得到的回答可能都感到困惑與失望。

對於客人的這個疑問，他們的回答往往是：「你的收入是無限的。」問題是，與會的大多數人並不是在尋求無限的財富，而是在尋求每月額外賺取一至三千美元的機會。在我看來，他們基本上還是在追求金錢，而不是財富。也就是說，這裡有兩類不同的金錢：一類來自於工作，一類來自於資產。如果你想終身辛勞，那就去為了金錢而工作，實際上絕大多數人就是這樣做的。

當會議主持人說「好了，如果無論工作與否，各位想每月多賺三千美元，那麼自己後半生將會多賺到多少錢呢？」雖然大家反應熱烈，但是，我想很多人都認為這不太可能。另外，他們大多只想著下個月能多賺三千美元，而不會去免費工作幾年時間，創辦一個企業，進而獲得持續的現金流。我猜，當時在場的很多人可能仍然像自由職業者或者雇員那樣思考，他們為了錢而工作，而不像企業主和投資者那樣為了從資產中獲得財富而工作。

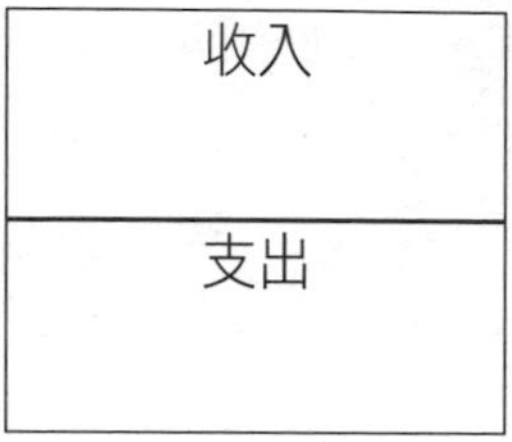

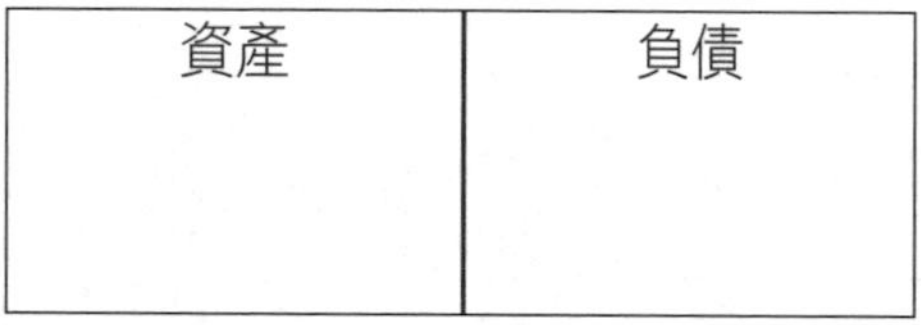

不同種類的金錢

富爸爸越來越富有的一個原因，就是他為了另外一種金錢而工作。上面是有關財務報表的簡易圖表，也許有助於大家理解這種區別。

如果大家不太熟悉這個關於財務報表的圖表，或者想進一步了解的話，不妨參閱《富爸爸，窮爸爸》一書，或者向讀過該書的朋友討教。這是需要大家掌握的一個非常重要的圖表，也是我從富爸爸那裡得到的許多教誨的核心。正如富爸爸常常說的，「銀行家從來不管我當年在校時的成績單，他要的是我的財務報表」、「離開校門、走入社會之後，財務報表其實就相當於你的成績單，它足以衡量你的財商」。因此，這個圖表對於渴望實現財務自由、獲得鉅額財富的人來說非常重要。

關注點不同

運用財務報表，可以更好地解釋各個現金流象限的區別。在現金流象限中，左右兩側象限的區別就在於它們關注點、著眼點不同。透過下列圖表，可以幫助大家認識到兩者之間的區別。

簡單來說，E象限和S象限人們的主要關注點在於：

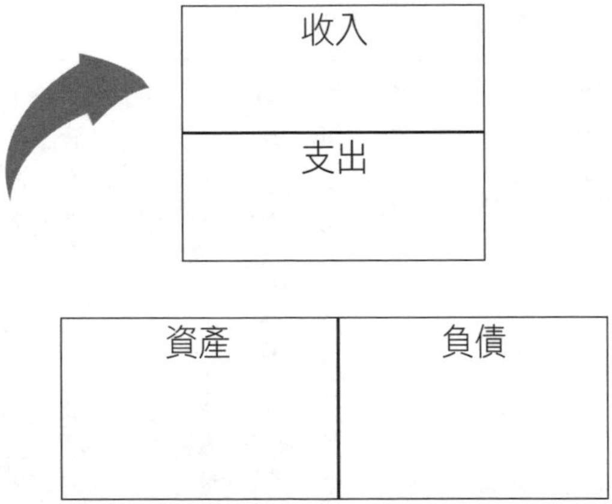

B象限和I象限人們的主要關注點在於：

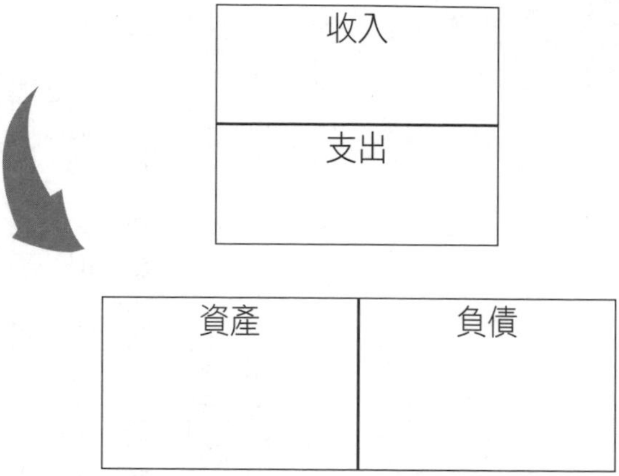

你還在為金錢而工作嗎？

上述圖表顯示，現金流象限左右兩側人們的主要區別在於，E象限和S象限的人主要為了金錢而工作，相反地，B象限和I象限的人主要為了建立或獲取資產而工作。因此，處於B象限和I象限的人的財富遠遠高於E象限和S象限的人。如果B象限和I象限的人暫時停止工作，他們的資產仍然可以繼續為他們工作，源源不絕地為他們帶來金錢。

三種資產

在現金流圖表中，主要有三種資產：

收入

支出

資產	負債
1.B象限企業 2.房地產 3.有價證券	

一個實現財務自由的簡單計畫

我和妻子金退休時年輕而富有，我們運用的簡單計畫就是先創辦自己的企業，接著又投資房地產。正如前面向大家介紹過的，在一九八五年到一九九四年之間，我們白手起家，最終實現了財務自由，並且從來沒有購買過任何一支股票或共同基金。這就是我們的簡單致富計畫，而且我們落實了自己的計畫。

曾經有人問我：「你為什麼第一步就是要建立自己的企業呢？」針對這個問題，我有三個理由：首先，創辦企業可以為我們帶來可觀的利潤。在本書的開始，我列舉了人們致富的十一種途徑，比如為了錢與某人結婚。對於我和妻子金來說，最好的致富之路就是建立自己的企業；其次，美國稅法對於處在B象限的人非常有利，而對於處在E象限的人非常不利；最後，建立企業、投資房地產，的確是很多富人遵循的發財之路。

我投資房地產的方法

西元兩千年股市暴跌之後，很多人開始真正醒悟過來：原來股市和共同基金都存在很大的風險。接著，不少人開始考慮是否要投資房地產。問題是，很多人沒有足夠資金來投資房地產，也無力在房產非常昂貴的地區生活。現在，經常有人問我：「在我的收入勉強能夠繳納房租的時候，怎樣才能投資房地產呢？」

對於諸如此類的問題，我的回答往往大同小異，我說：「繼續做著你現在的工作，並開始著手創辦自己的業餘公司。一旦這個公司開始賺錢，下一步就是繼續做自己現有的工作，然後用你從業餘公司賺取的額外收入投資房地產。透過這樣的步驟，你就開始建立了個人的兩種資產，而不必為了賺錢一輩子工作。」

三種智慧

取得財務成功需要接受三種不同的教育，即學校教育、職業教育和財商教育，同樣，要想在現實世界中取得財務成功，也需要具備三種不同的智慧：

1. 智商：一般說來，學校經常要評估個人智商。

2. 情商：據說，情商要比智商的作用強大二十五倍，情商發揮作用的例子有：保持冷靜，而不是去爭吵；不與那些將來不會成為自己生活好伴侶的人結婚；追求長期效益，而不是短期效益。

3. 財商：富爸爸曾經說過：「財商是透過個人財務報表來衡量的，衡量個人財商的具體標準有好多項，比如你賺到多少錢、擁有多少錢、那些錢為你工作的程度怎樣、你能將錢留給後面多少代人等等。」

很多聰明人沒有成為富人的主要原因

很多像窮爸爸那樣的聰明人，即便他們擁有很高的智商，在學校表現出眾，後來卻沒有成為富人，原因就在於他們缺乏累積財富、達到財務自由所需要的財商。財商較低的基本特徵有四點，分別是：

1. **他們的致富之路過於緩慢，他們在這場金錢遊戲中過於謹慎**。由於處在E象限，他們往往需要繳納高額的個人所得稅。同時，他們不是去理性投資，而是將自己的錢存進銀行，賺取微不足道的利息。不幸的是，即便這一丁點利息，也仍然要按照最高稅率納稅。

2. **想一夜致富**。這類人缺乏耐心和恆心，他們往往頻繁變換工作，不斷改變主意。他們做一件事情的時候，往往很快就感到厭倦，接著就放棄了。

3. **憑著一時衝動花錢**。這類人最喜歡的事情就是出去購物，他們不斷地消費，直到身無分文。如果有了一點錢，他們很快就會憑著一時衝動花光。這類人的口頭禪是：「錢好像只是從我這裡經過，接著就消失得無影無蹤了。」

4. **不能堅持擁有任何真正有價值的東西**。也就是說，這類人只會擁有一些讓自己更加貧窮的東西或工作。比如，我曾經遇到過一些房地產投資者，他們在應該持有這些房地產投資專案的時候，卻拋售了這些專案，拿到了一筆收益，用來償付信用卡欠款、學生貸款，或者購買遊艇、出外度假。可以說，他們最終持有的都是一些沒什麼價值的東西，而他們拋售的卻是真正有價值的東西。

這類人大多不願意建立一家企業，他們更樂意為別人工作，為自己從來不會擁有的東西整日勞碌、奔忙。他們內心的恐懼感非常強烈，以至於更願意為了所謂的安穩而工作，而不會為了將來實現財務自由而工作。

情商是財商的基礎

本章一開始，我就回顧了一次自己參加電臺節目的經歷。我之所以將這段經歷放在篇首，就是因為那位聽眾在情感上已經失控了。他非常聰明，但是，他的情感讓自己不能理性地分析、思考問題。如果大家不能完全控制自己的情感，順利解決個人財務問題的機率就會大大降低。

簡單來說，在現實世界中，如果你想成為富人，情商也許比智商更為重要。擁有高情商，是擁有高財商的基礎。美國最富有的投資家華倫·巴菲特曾經說過：「一個不能管理好自己情感的人，肯定無法管理好自己的資金。」

年輕的時候，我是一個不太積極主動的人，處理任何事情的態度都是「得過且過」。這也是我直到四十七歲時才實現了財務自由的原因之一。無論什麼時候，只要我出了問題，情感上難以控制，比如幻想一夜致富或者受到打擊後打算放棄，富爸爸總是勸導我說：「等你變得成熟一些，再回來找我，我會教你怎樣致富。」

你想提升自己的情商嗎？

根據我的個人經驗，情商越高，生活就越好。作為一名前海軍陸戰隊隊員，我不僅非常容易衝動，而且養成了火爆、急躁的性格。從越南回國後，富爸爸對我說：「你火爆、急躁的性格也許可以讓你在越南活下來，而在商界卻可能置你於死地。」富爸爸極力建議我，如果我想提升自己的財商，就應該不斷提升自己的情商。隨著我對自己情感控制力的提升，我的商業技巧和投資技巧也得到了提升。甚至透過改善自己的性格（儘管有時候還不盡如人意），我個人的健康狀況也得到了提升。提升情商的第一步，就是承認自己需要提升情商。

假如大家像我一樣，都稍微有些情緒化，那麼，直銷企業也許是鍛鍊自己的最佳場所。在我看來，直銷企業的最大價值之一，就是它能夠開發、培養大家的情商。每次當你與那些辭職者、撒謊者打交道時，當你克服了自己內心的恐懼、失望、急躁以及挫折感時，你的情商都能得到提升，你也就成為了一個更加完美的人。也就是說，直銷企業是一個讓你更了解自己、不斷提升自己的好地方。

大家不妨試著問一下自己：我的情商對自己的生活構成了怎樣的影響？我的情商是不是讓自己成為了一個＿＿＿的人？

1. 過於害羞；
2. 害怕被人拒絕；
3. 缺乏安全感；
4. 過於武斷；
5. 過於暴躁；
6. 癡迷於某件事情；
7. 太衝動；
8. 易發怒；
9. 行動遲緩，沒有變化；
10. 懶惰；
11. ＿＿＿＿＿＿（自己填寫）。

直銷企業的重要價值之一，就是檢驗人們的情商，而且在很多情況下，它都能大大提升人們的情商。一旦提升了自己的情商，就可能改善自己在其他領域的境況，你會發現你能夠更容易地與人們交流，能夠更清晰地表達自己，也能夠更有效地控制自己的情感，等到你在這些方面做得更好，你的事業也會得到更快的發展。有更多耐心，就更有可能成為一名出色的投資者。如果你已經結婚，或者打算結婚，透過培養自己的情商，婚姻生活也會得到改善，而且，我們大家都懂得婚姻生活是多麼的情感化。你也可能成為一名更優秀的父母，培養更優秀的孩子。因此，我認為花幾年時間建立一個直銷企業，可能會為自己生活的許多方面帶來好處。為什麼這樣說呢？因為生活本身就非常情緒化。

更美好的婚姻生活

對於我和妻子金來說，實現財務自由的計畫對於我們的婚姻至關重要。儘管我們開始時一無所有，但我們有兩人可以共同為之努力的計畫。可以說，處理企業發展過程中的起伏變化，向我們的婚姻提出了很多挑戰。不過，這些經歷最終讓我們的婚姻更加穩固。我們一起承擔風險，承受損失，共同慶祝所取得的成功。

正如前面曾經介紹過的，我們的計畫非常簡單。一九八五年，我和妻子金開始建立自己的企業，白手起家。一九九一年，我們在自己的企業獲得豐厚利潤不久，開始涉足房地產投資。一九九四年，我們賣掉了自己的企業，買進了更多房地產，實現了財務自由，且很快就退休了。那是一個簡單的計畫，它讓我們的生活變得更加單純、幸福。正如大家所知道的，金錢是引起很多家庭不和的主要原因之一。現在，我和妻子金的婚姻生活非常幸福，不僅因為我們現在擁有一大筆金錢，而且因為我們一起建立了自己的企業。我們兩人之間不是漸行漸遠，而是隨著情感上更加成熟，我們的關係變得更加緊密。我曾經聽到很多人說：「噢，我再也不願意與丈夫一起工作了！整天和他待在一起，我簡直受不了！」然而，我卻要真誠地告訴大家，如果沒有金的幫助，我就不會取得今天的成功；如果我與金沒有在同一家公司工作，沒有做同樣的工作，我們就不會有這麼美滿的婚姻；如果我們不在一起工作，我們兩人的感情可能會慢慢疏遠。共同創業、投資讓我們婚姻基礎更加穩固，因為在這些過程中，我們有了更多機會化解分歧，密切聯繫，更加了解彼此，這使我們更加尊重對方，感情更加成熟穩固。後來，我們都感覺我們的婚姻生活更加幸福了。對於我來說，這些東西都無比珍貴。現在，儘管我們兩人之間也有一些分歧，但是我們都明白，與我們彼此之間的愛相比，這些分歧實在微不足道。可以說，如果兩人擁有美滿的婚姻，一定是主要得力於兩人的情商，而不會主要得力於當年優異的考試成績，更不會得力於他們擁有能賺很多錢的好工作。

一些曾經成功的直銷商最終失敗的原因

多年以來，我遇到過一些創造了鉅額財富的成功直銷商，也遇到過一些創辦了龐大的企業、最終卻滿盤皆輸的直銷商。為什麼直銷商之間會形成這麼大的反差呢？答案仍然在情商上面。

其中，發生在一位名叫雷的直銷商身上的案例就非常典型。雷住在加利福尼亞州南部，大學畢業後他加盟了一家保健食品連鎖店，很快地擔任了店面經理。雷擁有生物化學專業學位，他對保健食品非常感興趣。一天，有位顧客走了進來，向他展示了一種健康食品系列。雷嚐了嚐那種食品，感覺非常好。他隨即跑到老闆那裡，問自己的店裡能否也出售這種食品，老闆一口回絕了。衝動之下，雷辭掉了工作，投身於這家直銷企業。

雷用了整整三年時間學習、鑽研直銷業務。在度過幾年經濟困難之後，一切忽然變好了，與此同時，他還讓自己的思想觀念從E象限轉換到了B象限。他的企業發展迅速，不久，他每週賺到的錢要比過去在那家保健食品店每年賺到的錢還要多。

很快地，雷就站在講臺上，向剛剛涉足直銷業的新手們傳授經驗，他本人已經成了一名耀眼的新星。不過，由此引起的問題接踵而來，他的腦子裡逐漸充滿了表演欲望，他變得傲慢自大，誇誇其談，情商明顯不足。他開始與當初向自己傳授直銷知識的人爭辯，覺得自己更高一籌，因為自己擁有更漂亮的車子和房子，現金收入也滾滾而來。到了這個時候，他的腦子裡只有金錢。

就在這個時候，出現了一家新的直銷企業。他們也擁有出色的保健產品系列，正在急切尋找像雷這樣的直銷明星來加盟自己的企業。沒過多長時間，他們就如願以償，說服雷離開自己親手創辦的直銷企業。雷之所以離開自己創辦的企業，主要是為了搶得先機，更快建立一個規模更大的企業。雷本人「跳槽」的時候，還帶走了自己團隊的很多人。

三年後，雷又變得身無分文。為什麼呢？我認為答案主要有兩點：首先，新公司的老闆像雷一樣，沒有耐心，容易衝動，他們都想更快致富；其次，新公司的老闆同樣拙於資金管理，熱衷於享受，好做表面文章，誇誇其談。他們不是把利潤再投資到自己的企業或房地產上面，不是獲得真正的財富，而是購買了一大堆顯示自己富有的東西。大家是否還記得，本章前面曾經提到，有些窮人常常為自己擁有真正有價值的東西感到不安而急於拋售。我認為，雷和這家新直銷企業的老闆其實與這些人並無不同。因此，他們購買來的並不是真正的財富，相反地，他們花錢買跑車、玩女人，自己的企業卻很快陷入困境，並且最終破產。物以類聚，人以群分，他們都屬於同一群人。

如今，雷依然奔波於一家又一家直銷企業之間。每次遇到他，他總是又有了新的商機。雷學會了創辦直銷企業，卻沒有在這個行業中取得成功，他失敗的原因就在於讓自己的情感左右了自己的思考。

千萬不要做一隻跳個不停的「青蛙」

當然，我並不是說在直銷企業之間「跳槽」就是錯誤的。我知道這種「跳槽」的情況經常發生，很多人就像雷一樣，從一家公司換到另一家公司，追求十全十美的企業和產品系列，希望能夠輕輕鬆鬆地賺大錢。很多人都是這樣，這是因為他們沒有培養自己的情商。在我看來，培養自己的情商是投身直銷業的主要原因之一。也就是說，你當然可以離開一家直銷企業，但是要有正當的理由，而不是純粹出於情感的原因。對於青蛙來說，從一片片荷葉上跳來跳去也許是件好事，但對於企業主來說卻一點好處也沒有。正如我的一位朋友曾經說過的：「做『青蛙』式的企業主遇到的麻煩是，你不僅要花很大工夫尋找『蟲子』，還要親自吞噬這些『蟲子』。」可見，一旦找到了適合自己的直銷企業，就要為企業和自己留出共同「成長」的時間。切記，千萬不要做一隻永不停息、四處追逐蟲子的青蛙。

成功的直銷商越來越成功的原因

當然，我也遇到了一些非常成功的直銷商，他們很多人比我成功，甚至比富爸爸還要成功。令人欣喜的是，他們的成功模式與富爸爸教給我們的成功模式驚人的相似。具體來說，這種成功模式就是：

1. **創辦一家企業**。創辦一家企業通常需要五年，當然這個時限可長可短。不過，企業如同孩子，需要時間來慢慢成長。

2. **對企業實行再投資**。這一點之所以重要，是因為現在很多人都像前面介紹過的那位名叫雷的直銷商一樣，他們都不願意認真對待這個環節。他們不是用賺到的錢進行再投資，而是賺多少就花多少。很快地，他們就可能透支消費，用來購買漂亮的汽車、房子、服裝，花大筆錢外出度假。他們不是設法幫助「孩子」成長，而是挪用（這簡直相當於盜用）「孩子」的午餐費，結果讓自己的「孩子」挨餓。

不幸的是，雷這樣的人在美國各行各業中隨處可見。可以說，美國富人這麼少的主要原因之一，就是他們常常將「孩子」的午餐費用來購買很多華而不實、只會滿足自己虛榮心的東西。

企業如何進行再投資

作為一家傳統企業，我們曾經再投資了數百萬美元，改善自己創辦的富爸爸網站，建立線上遊戲〈現金流101〉和〈現金流〉，向學校免費提供遊戲和培訓課程。這是傳統企業進行再投資的典型案例，還有一些傳統企業將利潤再投資於庫房建設、增加貨運卡車數量或者投放全國性廣告上面。

在直銷企業中，再投資可能意味著將自己的業務員從十人擴大到二十人，也可能意味著花些時間幫助自己的下一級業務員進一步拓展業務。直銷企業的優勢就是，它們往往並不需要在企業本身上面再投資多少錢。

此外，我們認為，一位真正的企業家永遠不會停止投資或再投資建設自己的企業。在各行各業中，很多人最終沒有獲得鉅額財富的原因非常簡單，就是因為他們沒有持續地對自己的企業進行再投資。

3.投資房地產。為什麼還要再去投資房地產呢？我認為原因主要有兩點。首先，現行的美國稅法對於企業家投資房地產給予了很多優惠（這一點可以算是投資祕訣了）。在本書後面的附錄中，我的稅務顧問黛安．甘迺迪女士進一步介紹了房地產投資與直銷企業如何相互支援的情況。其次，銀行家更樂於貸款給人們的房地產投資。你不妨嘗試一下，假如你向銀行家借貸一筆三十年期、利率六．五%的款項，用於購買共同基金或股票，看看他們會有什麼反應？我猜那些銀行家一定會認為，你肯定是想搞垮他們的銀行。

一個小小的提醒：我之所以建議大家首先要爭取建立一家自己的企業，原因是進行房地產投資需要時間、教育、經驗和資金。如果你現在沒有額外一筆來自於B象限企業、可以獲得稅務優惠的穩定收入，那麼，進行房地產投資就有些風險過大、時間過慢了。投資房地產時出現的任何失誤，尤其是房地產管理中出現的失誤，往往都要付出昂貴的代價，因此沒有屬於B象限的企業就進行房地產投資，風險還是有些太大了。很多人在房地產投資領域沒有致富或者致富過慢，原因往往就是他們沒有企業家所擁有的充裕資金。事實上，最好的房地產投資專案往往非常昂貴，需要大筆資金。如果沒有充裕的資金，勉強投資的房地產專案往往會讓自己血本無歸。今天，我遇到了很多尋找零頭期款房地產投資專案的人，主要原因當然還是他們本身沒有資金。而如果缺乏房地產投資的知識、經驗和資金，零頭期款房地產投資也許就是你一生中代價最昂貴的投資。因此，我還是建議大家首先自己創辦一家企業，接著對企業進行再投資，第三步才是去涉足房地產投資領域。

「首先自己創辦一家企業，接著對企業進行再投資，第三步才是去涉足房地產投資領域。」

4.享受舒適的生活。在我們婚姻生活的大部分時間，我和妻子金並沒有住寬敞的房子，也沒有開漂亮的豪華汽車。多年來，我們一直住在一所狹窄、矮小的房子裡，每月償還四百美元抵押貸款，開著普普通通的汽車。同時，我們建立了自己的企業，並且開始進行房地產投資。直到今天，我們總算住進了寬敞明亮的房子，擁有了六部汽車。不過，我們來自企業和房地產投資的收入要遠遠高於上述花費。富爸爸的經驗是，創辦自己的企業，不斷進行再投資，促使企業持續發展，接著投資房地產，然後，讓這些企業和房地產投資為自己帶來舒適的生活。也就是說，要努力建立自己的資產，然後讓這些資產為自己帶來舒適、富足的生活。

現在，我和妻子金住在寬敞明亮的房子，擁有六部汽車，而且我們將來依然用不著出去工作，這是因為我們擁有了自己的資產，而不是一份穩定的工作。我們今天工作，主要是因為我們喜歡自己的工作。另外，我們變得越來越富有，原因也僅僅在於我們按照富爸爸的「成功人生四部曲」，爭取真正的財富，而且持續不斷地積累自己的財富。我們建立了自己的企業，並對這些企業進行了再投資，接著投資了房地產，然後，利用擁有的資產為自己帶來了舒適生活。

絕大多數人沒有成為富人的原因

上述計畫非常簡單，可是，為什麼很多人不按照該計畫行事呢？在多數情況下，答案仍然在情商上面。很多人沒有耐心、約束力和意願去延遲自己的滿足感，所以沒有執行上述計畫。很多人一邊賺錢一邊花錢，因此，他們身上存在的問題不是智商或財商的問題，而是情商的問題。實際上，人們最容易提升的就是財商，這也就是很多在校期間成績平平的學生後來成了富人的原因。在我看來，提升情商是提升財商的必經之路，而直銷業能夠為培養自己的情商提供極大的幫助。

購買有價證券的最佳時機

很多人問我：「你什麼時候購買股票、債券或者共同基金之類的有價證券呢？」我的回答其實就是富爸爸當年教給我的。好多年前，富爸爸對我說：「最好的資產是企業。我之所以將企業放在個人投資的首位，主要是因為如果有能力擁有一家企業，它就是最好的資產，其次是房地產，第三是有價證券。將有價證券放在末位，原因是有價證券最容易購買，但在擁有的時候風險最大。如果你不相信我這種說法，不妨去找一下身邊的銀行家，看看他們是否願意為你購買的有價證券提供三十年期的抵押貸款。」

如今，我對於人們諸如此類的問題，往往都是用富爸爸當年對我的教誨來回答。將有價證券放在投資選擇的末位，就是因為有價證券最容易購買，擁有後卻存在著最大風險。另外一個原因是，我可以為自己的企業或房地產購買災難保險，卻很少有人聽說過能為股票購買保險，我本人更不知道哪裡能為共同基金購買保險，當然，也許將來某一天可以為有價證券投資購買保險。

人們感受不到工作快樂的原因

一位受過專業訓練、富有經驗的心理諮詢師曾經對我說過：「快樂的原因之一就是『控制』，如果你擁有更多的控制權，常常就會感覺更快樂。反之，如果失去了控制權，常常就會感到不快樂。」他舉了一個例子，說有人趕往機場途中突然遇到了長達一英里的堵車，只能緩緩「爬行」，根本沒有辦法離開高速公路。他意識到自己趕不上航班了，愉快的心境也就蕩然無存。在這裡，他感到不快樂的原因就是自己無法控制交通堵塞。因此，富爸爸的結論是：控制與快樂密切相關。

回過頭來，看看本章開始提到的那位聽眾，我覺得他並不快樂。首先因為他無法控制自己的生活，雖然他擁有自認為非常穩定的工作，但他卻不能控制自己的財務狀況。他還無法控制自己在股票和共同基金上的投資。在當今世界，尤其是遭受了股市危機、經濟疲軟以及「九一一」恐怖攻擊之後，很多人感到自己控制不了什麼，感到很不快樂。創辦一家直銷企業，接著投資房地產，這樣做的最大好處就是讓你能夠重新控制自己的生活。如果你能控制更多，就會感到更加快樂，而快樂、幸福是我們生活中極其珍貴的東西。

小結

總而言之，一個至關重要的問題是：「你到底是為了金錢工作，還是為了財富工作？」如果大家願意為了財富工作，我有兩個建議。大家不妨看看下面的現金流象限圖，讓我慢慢解釋一下：

在業餘時間，如果你願意用三五年從事下列兩項活動，我相信你的財務未來會遠遠勝過那些循規蹈矩、擁有一份穩定的工作、投資共同基金的大多數人。試想一下，如果將自己財務狀況的控制權拱手相讓，還能得到怎樣的快樂和幸福呢？另外，如果你未來幾年在B象限和I象限取得了極大成功，也就會為了財富工作，而不是為了金錢工作。

1. 利用業餘時間創辦一家直銷企業
2. 玩〈現金流〉並學習怎樣進行投資

下一個價值

在下一章中，我們將要討論如何把自己的夢想變為現實，對於那些玩過〈現金流〉的人來說，你們可能還記得，遊戲之前需要先選擇自己的夢想。富爸爸總是說：「從夢想開始，不斷地努力！」我之所以將這個價值放在後面，就是因為現在你已經知道自己能夠在一生中獲得巨大財富，你也許渴望著擁有更大的夢想！

10

核心價值八——追逐夢想

「很多人沒有夢想。」富爸爸告訴我。

「為什麼呢？」我問他。

「因為夢想需要花費金錢。」富爸爸回答說。

重新點燃自己的夢想

有一次，我和妻子金去參加一個聚會。在那裡，一家直銷公司的高層向我們展示了自己占地一萬七千平方英尺的豪宅。屋裡有一個可以停放八輛汽車的車庫，車庫裡停滿了各式豪華轎車，還有其他華貴的擺設。他的房子和華貴的擺設給我留下了深刻印象，但是讓我最難以忘懷的卻是以他名字命名的街道。我問他是怎麼做到的，他說：「非常簡單，我在這裡捐款修建了一所小學和圖書館，市政府因此用我的名字命名整個街道。」到了那個時候，我才意識到他的夢想遠遠大於我的夢想。我從來沒有想到要用自己的名字命名一個城市的街道，也從來沒有想到要去捐助修建一所小學和圖書館。那天晚上回家後，我意識到應該設法讓自己的夢想更宏大一些了。

我發現，優秀直銷企業更重要的價值觀之一，就是非常強調追逐夢想。我們拜訪的那位直銷公司的高層領導，並不只是為了炫耀而向我們展示自己擁有的財富，而是透過展示自己擁有的生活方式，激勵大家樹立像他那樣宏偉的夢想。因此，重要的不是寬敞的房子、華貴的陳設或昂貴的費用，而是由此激發出來的人們的夢想。

注意潑你冷水的人

在《富爸爸，窮爸爸》中，我曾經介紹過，窮爸爸的口頭禪是「我買不起」。富爸爸則不允許他的兒子邁克和我這麼說，相反地，他要求我們說「我怎樣才能買得起」。在富爸爸看來，這些話雖然聽起來很簡單，實則有天壤之別。他說：「向自己提出『我怎樣才能買得起』，其實就是讓自己擁有越來越宏大的夢想。」

富爸爸指出：一定要提防那些試圖打消你的夢想的人，再也沒有比朋友、愛人打消你的夢想更為糟糕的事情了。人們可能在有意無意之間，說出諸如此類的話來：

1.「你不行的。」
2.「那太冒險，你知道有多少人失敗了嗎？」
3.「別傻了，你從哪裡想出了這樣的主意？」
4.「如果這是一個好主意，為什麼以前沒有人這樣做呢？」

5.「噢，多年前我也這樣試過。好吧，讓我告訴你為什麼這樣不可行。」

我注意到那些潑冷水的人，往往都是些已經放棄了自己夢想的人。

夢想非常重要

對於夢想的重要性，富爸爸有自己獨特的理解，他說：「發財致富、買得起一間大房子本身並不重要，重要的是不斷努力學習，竭盡全力培養個人能力，使自己有能力買得起那樣的大房子。也就是說，最重要的是讓自己成為能夠買得起大房子的人。沒有偉大夢想的人，將永遠過著平民百姓的生活。」

「沒有偉大夢想的人，將永遠過著平民百姓的生活。」

正如富爸爸所言，房子本身並不重要。我和妻子金擁有兩間很大的房子，我認為房子的大小，甚至是不是富人，本身並不重要，重要的是要有宏偉的夢想。我和妻子金身無分文的時候，就確立了一個目標：等到我們擁有超過一百萬美元的財富後，一定要買間大房子。結果，當我們自己的企業總值超過一百萬美元後，我們購買了第一間大房子。不久，我們又轉手賣掉了這間房子，因為我們又確立了新的夢想。也就是說，買到房子和賺到一百萬美元本身並不是夢想，而只是實現自己夢想的標誌而已。現在，我們再次擁有了自己的大房子，這些房子也僅僅是我們實現自己夢想的標誌。現在擁有的大房子並不是我們的夢想，將自己打造成能夠擁有大房子的人，才是我們的夢想。

富爸爸說過：「大人物有大夢想，小人物有小夢想。如果你想改變自己，首先要從改變自己的夢想開始。」當我身無分文、損失了大部分資產的時候，富爸爸鼓勵我說：「千萬不要氣餒，不要讓暫時的財務挫折影響了自己的大夢想，夢想將會引領你度過這段艱難歲月。身無分文是暫時的，沒有夢想卻是可怕的。即便你現在身無分文，無須付出任何代價，你也可以夢想自己成為一位富人。很多窮人之所以貧窮，就是因為他們放棄了夢想。」

不同類型的夢想家

上國中的時候，富爸爸告訴我，世界上有五種夢想家，他們分別是：

1. 沉迷於輝煌過去的夢想家。富爸爸說，很多過去曾經取得過輝煌成就的人，往往沉迷於已有的成功中。美國電視連續劇《奉子成婚》中的阿爾．邦迪，就是生活在過去夢想中的典型。有人可能還不太熟悉這部電視劇，我在這裡稍稍介紹一下。阿爾．邦迪是一個成年人，卻整日沉迷在國中時的輝煌之中。當時，他是一個橄欖球明星，曾經在一場比賽中四次達陣得分。

富爸爸可能會說：「一個整日沉迷於輝煌過去的夢想家，他的生命其實已經結束。他需要一個朝向未來的夢想，以便讓自己的生命重新煥發活力。」

當然，在我們周圍，並不只有那位前橄欖球明星生活在過去的輝煌之中，還有不少人同樣沉醉於自己過去的輝煌中，比如曾經取得過優異分數、曾當選某次舞會上的國王或皇后、畢業於一所名校或者有著從軍服役的經歷等。可以說，這種人人生中最美好的時光已經成為過去。

2. 只有小夢想的夢想家。富爸爸說過：「這種人只有小夢想，因為他們想要有能夠實現這些夢想的自信。問題是，即便他們明白能夠實現這些夢想，實際上也從來不去實現它。」

過去，我從來沒有注意到這種人，直到有一天，我問身邊一位朋友：「如果擁有了世界上所有的金錢，你打算去哪裡？」

他回答說：「我想飛往加利福尼亞州去探望妹妹，我們已經十四年沒有見面了，我很想見到她，尤其是在她的孩子長大前。這就是我夢想的度假生活。」

我感到有些困惑，問道：「不過，去加利福尼亞州只需要五百美元，你現在為什麼不去呢？」

「噢，我當然想去，但不是現在。我現在太忙了！」他說。

見過他之後，我意識到這種人比我過去想像的多很多。

他們所謂的夢想都是很容易實現的，但是，他們卻從來沒有認真想過如何實現自己的夢想。在後半生，大家一定會常常聽到他們悔恨不已：「你知道，我實在應該在好多年前就去做這件事情，卻從來沒有好好去做……」

富爸爸指出：「這種人往往最危險，他們就像烏龜那樣生活著，蜷縮在龜殼裡，如果你敲擊龜殼，牠們往往會突然伸出頭來咬你一口。」這裡的教訓就是，讓做夢的烏龜繼續做夢去吧，牠們常常什麼地方也不會去。只有小夢想的夢想家，他們的處世方式與這些烏龜實在像極了！

3. 實現了自己過去的夢想，卻沒有確立新夢想的夢想家。 一位朋友曾經對我說：「二十年前，我夢想當一名醫生。現在，我終於成了一名醫生，卻對自己的工作、生活感到非常厭倦。我享受著做醫生的樂趣，也失去了很多東西。」

上述例子非常典型，這位朋友成功實現了自己做醫生的夢想，卻仍然生活在過去的夢想當中。實際上，產生厭倦情緒往往就是一個標誌，暗示著你應該確立新夢想了。對此，富爸爸可能會說：「很多人從事著自己國中時代夢想的職業，問題是他們已經畢業多年，是時候該確立新夢想、進行新冒險了！」

4. 有著大夢想，卻沒有具體計畫實現這些夢想，因此最終一無所獲的夢想家。

我想，大家肯定明白哪些人屬於這一種。他們常常會說：

「我剛剛有一個好想法，讓我來告訴你我的新計畫。」

「這次的情況有所不同。」

「我想更加努力工作，付清欠款，進行投資。」

「我剛剛聽說有一家新公司遷到這裡，他們正在尋找像我這樣條件的人。這可能是我的好機會。」

富爸爸說過：「幾乎沒有人能夠獨立實現自己的夢想。這種夢想家嚮往實現非常宏大的目標，卻想單打獨鬥、憑藉個人力量實現這些目標。這種人應該一邊保持自己的大夢想，一邊制訂計畫，尋找能夠幫助自己實現夢想的團隊。」

5. 擁有大夢想，逐步實現了這些夢想，並且又有了更大夢想的夢想家。我們大多數人都希望成為這種夢想家，至少，我自己是這樣想的。

在觀察、分析直銷企業的過程中，最讓人感到振奮的事情之一就是，我發現自己擁有了更大的夢想。直銷企業鼓勵人們胸懷偉大夢想，並努力實現這些偉大夢想。相反地，很多傳統企業並不希望人們擁有個人夢想。

很多時候，我會遇到這樣一些人，他們的朋友往往扼殺了他們的夢想，或者他們本人就在一些扼殺員工夢想的企業中工作。我非常支持直銷業，因為這個行業中聚集了一大批人，他們真正想幫助別人胸懷偉大夢想，然後幫助他們制訂具體商業計畫並提供培訓，促使他們夢想成真。

小結

如果你是一位胸懷宏大夢想，也樂意幫助別人實現宏大夢想的人，那麼，直銷業對你來說再合適不過了。你可以先利用業餘時間創辦自己的直銷企業，隨著企業的成長，你也可以幫助別人利用業餘時間創辦個人企業。可見，擁有一家個人企業很有意義，而且，樂於助人者最終自己也會夢想成真。

你的偉大夢想是什麼

這一次，你首先應該稍微思考一下，然後寫出自己的夢想。請你認真思考，並在下面的空白處詳細列出自己的夢想。

等到在紙上寫出自己的夢想，你也許想與那些全力支持自己的人討論。那個人也許就是將本書送給你的人。

其他一些價值

到此為止，我已經介紹了我認為直銷業所具有的八種潛在價值。接下來的章節中，我們還要介紹另外三種「潛在價值」。這三種潛在價值是由我生命中極其重要的三位女性所撰寫的，她們認為這些潛在價值在創辦企業時非常重要。

第一位女性是我的妻子金，她介紹了直銷企業對於婚姻的價值。

第二位女性是我的商業合作夥伴莎朗．L．萊希特女士。她介紹了創辦一個家庭企業的影響。她的兒子菲利普任職於我們的富爸爸網站，現在已經成為網站極其寶貴的財富。而且，莎朗本人也是一位非常聰慧的職業女性，在教育、指導兒子取得更大商業成功的過程中扮演了非常重要的角色。

第三位女性是我的稅務顧問黛安．甘迺迪女士，她將要介紹在合法避稅方面，業餘直銷企業所擁有的潛在價值。正如大家熟知的，納稅是我們每個人一生中最大的一筆開支。如果在納稅方面節約一些資金，就意味著我們可以有更多資金投入到自己的企業、投資專案或者生活中。

11

核心價值九——

和伴侶一起工作

一九八四年二月，我和羅勃特在檀香山市結婚。新婚之夜，羅勃特問我：「你一生想做些什麼？」我回答說：「我想有朝一日擁有自己的企業。」當時，我正在經營檀香山的一家雜誌社。聽了我的話，羅勃特說：「如果你真想創辦自己的企業，我就會把富爸爸教給我的東西傳授給你。」當月，我們兩人就共同創辦了一家新企業，這也是我第一次與別人合辦企業。

我們設計了一種獨特的標識，並把它繡在襯衫和夾克上面。然後，我們跑遍了整個美國，推銷新產品。創辦這家企業的真實目的，就是為我們自己提供長達一年的教育（出席全美各地的商業講座和會議），同時，我們也為即將創辦的第二家企業做準備。很快地，我們完成了自己的一年目標，關閉了那家襯衫與夾克廠。

一九八四年十二月，我們賣掉了自己在夏威夷的所有東西，前往加利福尼亞州南部，創辦了另外一家企業。不過，短短兩月，我們過去的所有積蓄就已經化為烏有。我們身無分文，常常敲朋友家的門，請求能夠借住一夜。好幾次，我們甚至就在海灘上，在借來的舊豐田汽車上過夜。家人、朋友都認為我們瘋了，有時候我們甚至也認為自己瘋了。

坦白說，如果沒有對方，真不知道我們能不能度過這段難關。好多夜晚，我們彼此相擁，想為對方多遮擋一些風寒。當時，我害怕、不安了嗎？當然。我曾經想過自己可能難以度過這段艱難日子了嗎？是的，一點也沒錯！但是，我們決定逆流而上，繼續向前。我們做到了！

促使我們前進的動力，就是我們創辦自己企業的決心，更重要的是，我們不願意再回頭去別人的公司領取一份薪水。當時，找一份工作非常容易。然而，對於我們來說，那就是倒退。我們明白自己想要得到什麼，只是不能確定如何得到這些（這似乎成為我們生活中的主題）。

我們行為的底線是絕不退縮。我們仍然執著堅守自己的夢想。最終我們建立了自己的企業——一家在七個國家開辦的國際教育公司。一九九四年，我們賣出了那家公司。現在，我們的時間主要用於投資和與「富爸爸」相關的業務上面。

我真正想要得到的東西

新婚之夜，我沒有告訴羅勃特一件事情。那就是，除了要創辦自己的企業之外，我還希望自己的生活伴侶也是自己的商業合作夥伴。創辦企業是一件非常耗費精力的事情，我希望與自己的生活伴侶一起成長、發展，避免因為我們兩人彼此見不到對方、關注點不同或者投身不同的事業方向，最終導致分道揚鑣。我不願意像很多已婚夫婦那樣，把家裡當做餐廳，除了默默吃飯，彼此間沒有什麼話題可聊。

羅勃特和我的談話或者非常輕鬆愉快，或者充滿柔情蜜意，或者針鋒相對，或者灰心喪氣……但是，我們彼此總有好多話要說。在我看來，自己最大的回報莫過於伴隨著企業發展，借助羅勃特的經驗，自己也在不斷成長。

個人成長

現在回想起來，可以說創辦企業的第一年是我們生活中最糟糕的一段時間。我感到壓力極大，自尊心受到打擊，我們兩人的關係也並不總是風平浪靜。當然，從另一個方面看，那也許又是最好的事情。經歷了這些艱苦磨練，我們才有了今天。我們兩人都變得更加堅強、自信，一些經驗教訓也讓我們變得更加智慧。另外，我們婚姻生活中的愛、尊重和快樂也超出了自己當初最大膽的想像。

一起工作

在直銷領域中，我看到很多夫婦共同創辦自己的企業。在我看來，直銷企業是那些希望一起工作的夫婦們的最佳選擇。主要原因如下：

1. 直銷企業是你們兩人可以利用業餘時間共同創辦的；
2. 你們可以根據自己的計畫決定工作時間；
3. 直銷業支持與家人一起工作；
4. 直銷業中很多最成功的人往往都是夫婦；
5. 很多直銷公司提供的培訓能夠令夫婦兩人共同學習、共同提升。

夫婦共同從事一項工作能夠帶來很多好處。平心而論，與自己伴侶一起工作並不總是件容易的事情。但是我要說，能夠一起工作是對我們最大的回報。我們共同創辦了數家企業。幾年前，我們也曾經討論、分析過，我們兩人各自負責不同領域的企業或許更好一些。但是，幾經權衡之後，我們清楚地知道，我們兩人都想一起建立共同的企業，而不是分頭去做。

在我看來，重要的是我們兩人擁有共同的價值觀、目標以及終極使命。由於經常一起學習，我們也在共同進步。我們甚至還立了一個規矩，如果一個人參加了一次培訓課程或者會議，就要與對方分享。我們經常討論自己的企業，籌劃讓企業發展得更好的措施，會見新人，摸索新創意，這都是些有趣的經驗。

我承認，與自己的伴侶一起工作並不適合所有人。但是，我自己實在不願意有其他選擇。

——金・清崎

12

核心價值十——建立家族企業

在本書中，羅勃特和我簡單介紹了開辦一家直銷企業的主要好處。大體說來，主要有如下幾點：

1. 創辦一家直銷企業門檻較低，所需費用很少；
2. 很多直銷企業無須從業人員接受過正規教育，或者擁有大學學位；
3. 直銷企業向所有人開放，無論性別、種族或年齡，人人都可以參與；
4. 公司提供了一個現成的體系，這個體系已經證明是成功的，大家都可以運用它建立自己的企業；
5. 很多直銷公司提供了良好的教育、培訓計畫來幫助大家成功；
6. 很多直銷公司擁有一批已經在本行業取得成功的指導老師或顧問，他們可以幫助你創業；
7. 大家可以一邊從事目前的工作，一邊利用業餘時間創辦自己的直銷公司；
8. 直銷企業家可以獲得很多納稅優惠，普通雇員則不可能享受這些優惠。

此外，直銷企業還有一個優勢或者價值，那就是一個成功的直銷企業能為家庭帶來的獨特價值。在這裡，根據羅勃特的要求，我簡單介紹直銷企業對家庭的影響。

我的家庭

對我來說，家庭是最重要的，我的丈夫邁克爾，孩子菲利普、謝利和威廉是我生活的中心。在我們婚姻生活早期，我和邁克爾都在專業上非常成功，然而，由於各自工作需要，我們兩人在孩子身上所花的時間越來越少。我們都是工作狂，我們知道，必須做出某些改變了。

邁克爾的工作時間越來越長，我還是想方設法多陪陪孩子。我感到很幸運，能夠將自己的職業與母親的角色結合。比如，孩子們還小的時候，考慮到他們缺乏閱讀興趣，我就跟隨一位為孩子們製作有聲讀物的朋友工作。

後來，我的大兒子菲利普進了大學，可是不到第一學年的十二月，他的信用卡就已經刷爆了，我聽說後感到非常沮喪。作為一名合格會計師，我總以為自己已經向孩子們傳授了一些理財知識。但是，兒子的所作所為證明了我以前的工作並沒有做好。反省之後，我就將自己的焦點轉向了在學校教育系統中增加商業教育。

儘管孩子們與我相處的時間增多了，但是，他們與爸爸待在一起的時間仍然非常有限，我們很少有機會全家人一起度假。我們在事業上可以說非常成功，按照傳統的標準，我們已經成了富人，我們付出的代價卻是與家人待在一起的時間。我們很多朋友（如果不是絕大多數的話）的生活情形都是這樣：在專業領域越成功，與家人待在一起的時間就越少。不過，我們都對這種家庭生活模式習以為常。

三年後，邁克爾將我介紹給羅勃特。從此以後，一切都改變了。

富爸爸與我們家

在與羅勃特一起開發「富爸爸」系列書籍、遊戲和其他產品的時候，我和邁克爾有機會讓孩子們也參與進來，並親眼目睹了他們生活發生的巨大變化。富爸爸的教誨為他們的一生帶來莫大幫助，而且由於一起工作、學習，我們與孩子們的關係也更加密切了。

大兒子菲利普成了富爸爸團隊中的重要一員，我們深感自豪。與他一起工作、眼看著他在我們公司不斷成長、進步，我們感到非常欣慰。富爸爸曾經說過，工作是為了學習，而不是為了賺錢。菲利普遵照這個教誨，培養、累積自己的經驗和知識，幫助公司邁上了一個新臺階。不過，我們自己最大的收穫還是為了共同目標而學習、工作的同時，我們的家庭關係變得更加穩固了。

與孩子們一起分享富爸爸的教誨，看著他們逐步領會、提升，這種體驗簡直令人難以置信！它已經成了我們的「家庭作業」了。

創辦自己的家庭企業

創辦自己的家庭企業與直銷之間有什麼關係呢？近年來，我有幸結識了很多在直銷領域非常成功的個人和家庭，我發現他們有一些共同特點：

1. 整個家庭成員都很重視直銷；
2. 他們都非常重視自己的業餘時間，當然事業成功也讓他們有更多時間陪伴家人；
3. 孩子在與父母一起接觸直銷的過程中，體會到了直銷業的優勢；
4. 跟我們相比，他們安排的家庭度假和家庭商務旅行要多得多；
5. 他們的孩子們從小就懂得被動收入與財商教育為自己帶來的好處；
6. 孩子們往往自行選擇參與直銷；
7. 大多數人確立了家庭的共同目標，家庭成員們也為此共同努力；
8. 往往由夫婦中的一方繼續從事自己原來的全職工作，另一方則兼職創辦自己的直銷企業；
9. 直銷業本身的特點進一步促進了家庭的團結和穩固。

真正衡量財富的標準是時間，而不是金錢

在孩子們的成長階段，我沒有足夠時間陪伴他們。現在，他們都已經長大成人，我才真正體會到以家庭為中心的價值，而這種價值正是被很多直銷業中的成功人士長期以來所強調的。對我們來說，能夠與家人一起創辦自己的企業，而不是「為了」家人去創辦自己的企業，是一件非常珍貴的禮物！

富爸爸用時間界定財富，而不是用金錢界定財富。因此，一個人越成功，就越有時間和自由陪伴家人。

如今，出現了這種以家庭為中心的商業模式，實在可喜可賀！或許家人也能從共同的成功中，分享到愛與和諧的禮物！

——莎朗·L·萊希特

13

核心價值十一——

運用富人的納稅技巧

在納稅方面，富人是不是擁有一種不太合理的優惠呢？可能是這樣，因為美國政府制訂稅務法就是為了鼓勵兩種行為，即創辦企業和進行房地產投資。事實上，想要充分利用現有稅務法的優勢，最佳途徑便是按照政府的願望行事，創辦自己的企業或投資房地產，而這些事情似乎正是富人們的「專利」。

創辦一家業餘企業

當然，並不是所有人都可以辭掉眼前的工作，全力以赴創辦自己的企業。很多人發現，要想額外得到一筆穩定收入，關鍵就是要創辦像直銷企業這樣的個人企業。一旦按照政府的指導方針創辦了自己的企業，然後將個人開支打入企業成本，你就能獲得一系列納稅優惠。當然，這樣做也需要一些技巧。

首先，你必須證明自己確實擁有一家企業。美國國稅局希望看到你擁有一家合法的企業，而不是單純為了逃避個人開支而虛設的一個空殼公司。也就是說，他們希望了解你開辦企業的真實意圖。

為了證實自己確實擁有一家企業，你需要向美國國稅局表明：

1. 完全按照企業規範運作；

2. 你會投入時間和精力，努力讓企業賺錢；
3. 已經或即將獲得一筆穩定收入；
4. 假如企業曾經虧損過，它們可能是正常虧損，或是你無法控制的；
5. 為了營利，你正在不斷採取新措施；
6. 你本人或你的顧問們擁有企業所在領域的相關知識；
7. 已經在本業獲利，或者有望將來隨著資產升值而獲利。

只要你能證明自己正在努力使企業營利，那麼，在企業創辦後的多年裡便容許出現虧損。這些虧損可以抵消自己納稅申報單上的其他收入，進而減少自己的納稅額。

尋找可能獲得的企業納稅減免

找到了自己潛在的企業納稅減免時，才有可能從自己創辦的企業中真正獲得納稅優惠。其中一條原則是，永遠不要只為了獲得企業納稅減免而去採購。如果純粹為了獲得四十%的納稅減免，而去購買正常情況下自己根本不會購買的東西，其實就相當於浪費了六十%的資金，並不是一件很划算的事情。

相反地，你要想方設法尋找原本屬於個人開支，而現在可以當做企業開支的專案。美國國稅局制訂的《美國國內稅收法》（Internal Revenue Code）第一六二款，僅僅用了幾十個詞，告訴我們哪些個人開支可以劃歸為企業開支：

「在納稅年度中，任何商業或企業行為產生的所有正常與必要的開支，都可以作為企業開支，獲得納稅優惠。」

這裡所謂「正常開支」與「必要開支」的定義是：

正常開支：指的是進行商業活動所需要的開支，並且這些開支已經得到了企業界的普遍認可。

必要開支：指的是一些適當、有益的開支。

尋找自己可以獲得的潛在企業納稅減免，關鍵是尋找符合上述定義的所有開支。下面是一些例子：

家庭辦公室：只要安排一間純粹出於商業目的的房子，而且定期進行一些商業活動，就可以獲得納稅減免。減免的數額等於商用房屋與整座房屋之比，乘以整座房屋的總費用。

電腦或軟體：在商業活動中所用的電腦及其軟體費用，都可以享受納稅扣除。如果在剛剛開始創業的時候，你將個人電腦「貢獻」出來供企業使用，那麼，千萬記著要讓企業到時候「償還」自己這筆費用。

旅行：與自己企業相關的旅行費用可以獲得扣除，其中包括拜訪自己的指導老師、潛在客戶、顧問以及參加各種培訓課程的費用。

孩子：讓你的孩子來為自己創辦的企業工作，然後付給他們適當的報酬，這樣就不必定期給他們零用錢。也許最好的情形是，孩子開始申辦退休金計畫（比如羅斯個人退休金帳戶），投入該計畫的資金就可以免稅增值。當然，為了確保獲得合法納稅減免，需要注意以下三點：

1. 制訂一份書面工作說明；
2. 做好孩子們的工作紀錄；
3. 付給他們合理的報酬。

等到自己創辦的企業有了充足的現金流，就可以開始將這些收益逐步投資到房地產。現在，這樣做的好處顯而易見。透過房地產投資，就可以為自己帶來被動的現金流。這種現金流每月都會流進你的錢包，卻可以透過房屋折舊這種「虛擬開支」抵消。這也就意味著你只需繳納少量個人所得稅，甚至無須繳納個人所得稅。最佳的結果當然是，你的個人財富透過自己投資的房地產和企業不斷增長。

所有這些，其實都只是因為你創辦了個人企業，普通雇員根本不可能得到這些納稅優惠。總而言之，如果你想改變自己的納稅額，首先應該改變自己的賺錢方式。好好努力吧！

——黛安・甘迺迪

附錄一

富爸爸商學院語錄

◆「如果你想成為富人，要先成為一名企業所有者和投資者。」

◆「我本人並沒有藉由創辦直銷企業致富，為什麼還要鼓勵大家投身直銷業呢？其實，正是因為我沒有藉由創辦直銷企業賺錢，所以我對於該行業才有一個相對客觀公正的認識。本書介紹了我對直銷企業真正價值的認識，直銷企業的價值絕不只是能夠賺很多錢。可以說，直到此時，我終於找到了一個充滿愛心、關懷大眾的新型企業模式。」

◆「如果一切都可以重來一遍，我一定不會創辦傳統的企業，我一定會致力於建立一家直銷企業。」

◆「直銷是企業一種全新的、與過去許多模式截然不同的致富途徑。」

◆「世界上最富有的人總是不斷地建立人脈網絡，而其他人則被教育要去找工作。」

◆「直銷企業向全世界數以億計的人們，提供了把握個人生活和財務未來的良機。」

◆「一家直銷企業是由你與那些幫助你變得更加富有的人共同組成的。」

◆「相對於過去以獲利為目的的各類商業模式，直銷業顯得更為公正。」

◆「直銷系統，也就是我常常說的『個人特許經營』或『看不見的大商業網絡』，它是一種平民化的賺錢方式。只要有意願、決心和毅力，任何人都可以參加這個系統。」

◆「很多直銷公司向數百萬人提供了富爸爸當年給予我的教育，讓人們有機會建立自己的網絡，而不是為了某個網絡終生辛勞。」

◆「直銷業的發展速度遠遠超過了特許經營業或其他傳統行業。」

◆「無論全職還是兼職，直銷企業都是為那些想進入B象限的人士而準備的。」

◆「簡單來說，進入門檻較低，又有良好培訓計畫的直銷企業，實在是一個很好的創意。直銷業興起的時代已經來臨。」

◆「直銷企業的意義，並不僅僅在於能夠賺很多錢。」

◆「直銷企業是樂於助人者的絕佳選擇。」

◆「我向大家推薦直銷企業的原因，是因為它擁有改變人生的教育培訓體系。」

◆「很多直銷公司都是人們真正需要的商學院，而不是招收聰明學生，然後將他們培養成為富人員工的傳統商學院。」

◆「許多直銷公司是真正的商學院，它們向大家傳授一些傳統商學院尚未發現的價值，比如，致富的最佳途徑就是讓自己和別人成為企業所有人，而不是成為那些為富人工作的忠誠、勤勉的雇員。」

◆「直銷企業是那些渴望學習企業家的實際本領、而不是學習公司高薪中階經理技巧的人們所需要的商學院。」

◆「直銷企業本身建立在領導者與普通人共同走向富裕的基礎上，而傳統企業或政府企業的出發點則是讓少部分人變富有，大量雇員則滿足於得到一筆穩定的薪水。」

◆「我發現直銷企業可以『引導』出自己內心富人的一面。」

◆「在直銷領域，人們鼓勵你透過犯錯、改正的方式學習，進而在智力和情感方面變得更加出色。」

◆「如果你願意教育、引導別人在不必擊敗競爭對手的前提下，尋找他們的致富之路，那麼，直銷企業對你來說也許再合適不過了。」

◆「如果你害怕犯錯、害怕失敗，我認為擁有良好教育培訓計畫的直銷企業一定會為你帶來莫大好處。」

◆「直銷的好處在於，它讓人們有機會直視並克服內心的恐懼，讓自己內心贏家的一面居於主導地位。」

◆「直銷業鼓勵人們胸懷偉大夢想，並努力實現這些偉大夢想。」

◆「直銷業可以為你提供一大群志趣相投、擁有B象限核心價值觀的朋友，幫助你更快轉型到B象限。」

◆「一旦創建了個人企業，並擁有了充裕的現金流，就可以開始投資其他資產。」

附錄二 富爸爸團隊簡介

羅勃特．T．清崎

羅勃特．T．清崎是第四代日裔美國人，他在夏威夷出生，並在那裡度過了自己的少年時代。高中畢業後，他在紐約接受了大學教育，接著加入美國海軍陸戰隊，以軍官和武裝直升機飛行員的身分參加了越戰。戰後，羅勃特在全錄公司從事銷售工作。一九七七年，他創辦了一家公司，首次向市場推出了以「魔鬼氈」製作的「衝浪者」錢包。一九八二年，他創辦了一個國際教育公司，向遍及全球的數萬學員講授商業和投資課程。

一九九四年，四十七歲的羅勃特賣掉了自己的公司，實現了財務自由的理想，提早退休。

在短短的幾年退休生活中，羅勃特陸續撰寫了《富爸爸，窮爸爸》、《富爸爸，有錢有理》、《富爸爸，提早享受財富》、《富爸爸，富小孩》、《經濟大預言》、《財富執行力》等書，這些書先後登上了《華爾街日報》、《商業周刊》、《紐約時報》、《今日美國》、亞馬遜網站等主流媒體的暢銷書排行榜。

就在成為暢銷書作家之前，羅勃特製作出了一種教育桌遊〈現金流〉，向人們傳授富爸爸多年來教給他的理財方法。正是借助這些理財方法，羅勃特才能在四十七歲時提早退休。

二〇〇一年，「富爸爸」顧問叢書第一本正式出版。參與這項工作的專家們一致贊同羅勃特的觀點：「商業和投資都屬於團隊活動。」用羅勃特的話來說，那就是：「大家上學，最終為了金錢而努力工作，而我撰寫這些書、製作這些遊戲的目的，就是想教育大家讓金錢來為自己努力工作。這樣，大家就可以充分享受我們這個美好世界的樂趣！」

（「富爸爸團隊」是羅勃特．T．清崎與妻子金．清崎、友人莎朗．L．萊希特女士共同發起成立的。從一九九六年起，他們開始向世界各地的人們普及財務知識，推廣富爸爸的經驗。）

金．清崎

初次進入商界，金．清崎任職於檀香山市一家知名廣告公司。二十五歲那年，她創辦了一份以商業為主題的雜誌。很快地，她就表現出卓越的企業家精神。兩年後，她創辦了自己的第一個企業：一家遍布全美的服裝公司。

不久，金加入了羅勃特．T．清崎創辦的國際教育公司。該公司後來在七個國家設立了十一個辦事處，向數萬名學員傳授商業課程。

一九八九年，金開始了自己的房地產投資生涯，她首先在俄勒岡州波特蘭市購買了一層有兩間小臥室、一個廁所的房子。如今，金的房地產投資公司買賣、管理著價值數百萬美元的房地產。金積極提倡、鼓勵廣大女性進入投資領域，在她看來，「投資可以為女性帶來自由，讓她們從此不再依賴任何人」。

金與羅勃特於一九八四年結婚，一九九四年，他們兩人順利「退休」，轉而推廣自己的商業課程。一九九七年，金與羅勃特、莎朗．L．萊希特女士共同創辦公司，藉由圖書、遊戲以及其他教育手段，推廣富爸爸理財知識，得到了國際認可和稱讚。

莎朗．L．萊希特

莎朗．L．萊希特將自己的專業知識獻給了教育事業。她以優異的成績畢業於佛羅里達州立大學，獲得了會計學學位。隨後，她進入當時全美八大會計事務所之一的永道會計事務所。莎朗曾經擔任過電腦、保險和出版業等很多行業的管理工作，也是一位合格會計師。

莎朗和丈夫邁克爾．萊希特已經結婚二十二年，他們兩人有三個孩子：菲利普、謝利、威廉。隨著孩子的成長，她在孩子教育方面投入了很大精力，成為抨擊現行數學、電腦、閱讀和寫作教育的先鋒。

一九八九年，她與一位電子有聲讀物的發明者合作，幫助他將電子書行業開拓成為一個高達數百萬美元的國際市場。現在，她仍然倡導開發新技術，運用富有創新精神、極具挑戰性和充滿樂趣的方法教育孩子。

「我們現行的教育體制已經完全不能適應當今的全球變革和技術變革了。」莎朗說，「我們必須向年輕人傳授學術上的技能和理財技巧，這不只是要讓他們勉強維持生存，更是要讓他們享有富足美好的生活。」

作為熱心的慈善家，莎朗既是一位志願者，也是一位捐助者。她負責運作「財商教育基金會」，積極倡導教育，倡導提升人們的財商。二〇〇二年五月，莎朗當選美國兒童協會亞利桑那州分會會長。

莎朗・L・萊希特的朋友、商業夥伴羅勃特・T・清崎說：「莎朗是我遇過最有天賦的企業家之一，隨著我們倆合作的加深，我對她的敬仰與日俱增！」

黛安・甘洒迪

合格會計師黛安・甘洒迪是《房地產投資祕訣》的作者之一，也是「富爸爸」顧問系列叢書中暢銷書的作者。此外，她還是黛安・甘洒迪協會、黛安・甘洒迪顧問公司以及很多房地產投資公司的創辦者和合夥人。藉由在上述公司的實踐，二十多年來，黛安・甘洒迪在向人們傳授合法的避稅技巧上面享有盛名。在會計專業領域，黛安・甘洒迪與別人合著了兩本有關會計與電腦的高中教材、一本有關公司稅務方面的圖書，受到了廣泛尊敬。她還是CNN、CNBC以及很多美國地方電臺、電視臺的嘉賓。在受邀為「富爸爸」顧問的人之中，黛安・甘洒迪與羅勃特・清崎的合作也許最受人們關注。黛安・甘洒迪懂得富人減少自己納稅額的祕密，並運用一些簡單通俗的方法，向人們揭示了這些祕密。

布萊爾．辛格

布萊爾．辛格是一位資深作家、演說家，也是當今商業領域中個人和組織機構行為變遷的積極推動者。他還是布萊爾．辛格加速培訓公司的創立者，並擔任公司總裁，該公司是全球公認的一家國際化培訓公司。此外，布萊爾．辛格也是「銷售狗」概念的創始人，它提供了一種全新的成功銷售方法，幫助無數人透過銷售大大增加了個人收入。

布萊爾過去負責伯羅斯公司的銷售工作，該公司是現在著名的優利系統公司的前身，他還曾經做過軟體系統、自動化結算系統、貨物空運與後勤支援系統的銷售工作，既做過企業雇員，也做過企業主。一九八七年以來，他與全球數以萬計的個人和組織機構合作（其中包括《財富》雜誌前五百大公司），也與獨立的銷售代理和直銷商合作，幫助他們在銷售、生產效率和現金流等方面取得了非凡表現。

布萊爾．辛格是羅勃特．T．清崎的老朋友，也是富爸爸的顧問之一，負責向大家傳授商業領域所需要的首要技巧：推銷技巧。他著有富爸爸顧問系列叢書《富爸爸銷售狗》。

附錄三

羅勃特·T·清崎的財商教育

三種收入

在會計學領域，存在三種不同的收入：薪資收入、被動收入和組合收入。當窮爸爸對我說：「好好讀書，爭取好成績，然後尋找一份穩定的工作。」其實也就是鼓勵我為薪資收入而奔忙；當富爸爸對我說：「富人不會為金錢工作，而是讓金錢為自己工作。」他所說的就是要我爭取被動收入和組合收入。在多數情況下，被動收入來自於房地產投資，組合收入來自於有價證券，比如股票、債券和共同基金等。

富爸爸曾經說過：「致富的關鍵，就是擁有盡快將薪資收入轉化為被動收入和組合收入的能力。」他接著指出：「薪資收入稅率最高，被動收入稅率最低，這也是你要讓金錢為自己工作的另外一個原因。政府對於你努力工作得到的收入所徵收的稅遠高於讓金錢為你努力工作而得到的收入。」

實現財務自由的關鍵

實現財務自由、獲得鉅額財富的關鍵，是擁有將個人薪資收入轉化為被動收入或組合收入的技巧。富爸爸曾經花了大量時間，向他的兒子邁克和我傳授這種技巧。正是由於具備了這種技巧，我與妻子金才得以實現財務自由，不用再出去工作。當然，我們現在仍然在做些事情，但那主要出於我們的喜好。今天，我們擁有一家能夠為自己帶來被動收入的房地產投資公司，同時持有一些股票，以便獲得組合收入。

投資致富需要各方面的個人技巧，這些技巧是取得財務成功的基礎，也是低風險、高回報的基礎。也就是說，要懂得怎樣獲得能夠帶來其他資產的資產。問題在於，獲得所需要的基礎教育和經驗常常需要花費很多時間，而且代價昂貴，所以總是令人恐懼，尤其當你使用自有資金的時候。因此，我製作了已經獲得專利的教育桌遊〈現金流〉，供你作財商基礎教育之用。

高寶書版集團
gobooks.com.tw

RD 022

富爸爸商學院：銷售致富的財商教育

Rich Dad's the Business School

作　　者　羅勃特．T．清崎（Robert T. Kiyosaki）
譯　　者　李釗平、王東
責任編輯　林子鈺
封面設計　林政嘉
內頁排版　賴姵均
企　　劃　何嘉雯

發 行 人　朱凱蕾
出　　版　英屬維京群島商高寶國際有限公司台灣分公司
　　　　　Global Group Holdings, Ltd.
地　　址　台北市內湖區洲子街 88 號 3 樓
網　　址　gobooks.com.tw
電　　話　（02）27992788
電　　郵　readers@gobooks.com.tw（讀者服務部）
　　　　　pr@gobooks.com.tw（公關諮詢部）
傳　　真　出版部（02）27990909　行銷部（02）27993088
郵政劃撥　19394552
戶　　名　英屬維京群島商高寶國際有限公司台灣分公司
發　　行　英屬維京群島商高寶國際有限公司台灣分公司
初版日期　2005 年 7 月
二版日期　2020 年 8 月

First Edition: 2001
First Complex Chinese Edition: July 2005
Second Complex Chinese Edition: August 2020
This edition published by arrangement with Rich Dad Operating Company, LLC.

國家圖書館出版品預行編目（CIP）資料

富爸爸商學院 / 羅勃特．T．清崎 (Robert T. Kiyosaki)
著；李平釗 , 王東譯 . -- 二版 . -- 臺北市：高寶國際出
版：高寶國際發行，2020.08
　面；　公分 .--（RD022）
譯自：Rich dad's the business school

ISBN 978-986-361-889-8（平裝）

1. 人際關係　2. 成功法　3. 財富

177.3　　109009840